고마워 교실

고마워 교실

"우리 아이에게 기적이 일어났어요!"

양경윤, 김미정 지음

쌤앤
파커스

고마워 교실을 열면서

A : 학교에서 대체 뭘 가르치는 거야?
B : 기본적인 것은 가정에서 배우고 와야지?

A와 B의 차이, 느껴지시나요? 물론 극단적인 사례지만 A는 학교에서 교육을 책임져야 한다는 것이고, B는 기본적인 태도나 인성은 학교가 아니라 가정에서 가르쳐야 한다는 주장입니다. 양쪽 모두 옳습니다. 학생들은 학교에서도 성장하고 가정에서도 성장합니다. 학교와 가정이 분리될 수 없습니다. 어느 한쪽에 책임을 떠넘길 것이 아니라 양쪽 모두가 힘을 합해서 학생들을 성장시켜야 합니다.

부모님들이 기억하는 교실은 어떤 모습인지 궁금합니다. 지금이나 예전이나 교실의 모습은 크게 바뀌지 않았습니다. 60대 할머

니가 다니던 학교, 그 아들딸이 다니던 학교, 손자손녀의 교실 모습은 별반 다르지 않습니다. 물론 책걸상이 더 좋아졌고, 분필가루 날리던 칠판이 전자칠판으로 바뀌는 등 교육 기자재가 질적으로 향상되었습니다. 또한 수업형태나 평가방식도 바뀌고 있습니다. 그러나 칠판 앞에 서 있는 선생님, 바른 자세로 앉아 있는 아이들의 모습은 늘 비슷합니다. 원래 학교라는 곳은 아주 천천히 변화합니다.

그런데 지난해 느닷없는 코로나19로 학습환경이 '비대면'으로 강제이동 되었습니다. 먼저 교실의 범위가 확장되었습니다. 예전에 '교실'이라 부르던 한정된 공간만 교실이 아닙니다. 가정에서도, 또 넓은 들판에서도 온라인에 접속할 수만 있다면 그곳이 곧 교실입니다. 물리적 공간의 제약을 벗어나자, 새로운 학교와 교실들이 열렸습니다. 이제는 얼마나 슬기롭게 우리 삶의 다른 부분들을 전환하는가가 관건입니다. 그래서 선생님과 부모님과 함께 교실을 들여다보려고 합니다.

학교에는 왜 갈까요?
교실에서는 무엇을 해야 할까요?
가정에서는 무엇을 해야 할까요?

우리는 무엇을 준비해야 할까요?

비대면 상황에서의 배움은 아이들의 마음을 공허하게 하고 디지털 기기에 더 많이 의존하게 만듭니다. 그렇게 될 수밖에 없는 구조입니다. 그렇다면 우리 아이들의 삶에 무엇을 채워줘야 할까요? 온라인 학습시대가 열리면서 더 많은 배움이 필요하다고 합니다. 그러나 세상이 아무리 바뀌어도 우리가 살아가는 데 필요한 기본은 변하지 않습니다. 인간이 행복해지기 위한 기본. 지금은 그 기본에 더욱더 충실해질 필요가 있어 보입니다. 그러면 그 기본이라는 것을 어떻게 만들어야 할까요?

"고마워."라는 단 한 마디는 삶을 풍요롭게 하고, 행복을 추구하도록 도와주는 기본 중의 기본입니다. 정말 쉽고 간단하지만, 개인과 사회를 안전하게 만들어주는 장치가 되어줍니다. 이 책은 교실에서도 가정에서도 '고마워'라는 단 한 마디로 아이들의 배움을 돕고 일상에 따스한 온기를 불어 넣어주는 프로그램을 소개합니다. 이 책에 펼쳐진 '고마워 교실', 그 아름다운 세계에 선생님, 부모님 모두를 초대합니다. 환영합니다. 고맙습니다.

양경윤

목차

Part 2. ——— 교실이라는 세계

Part 3. ──────── 고마워로 만들어가는 행복 교실

Part 4. —————— **그림책과 함께하는 고마워 교실**

Part 1.

'고마워 교실'에 오신 걸 환영합니다

걸림돌과
디딤돌

"미정 선생님, 그 아이들이 선생님에게 걸림돌인가요?"
"네? 걸림돌이요!?"

걸림돌이란 길을 걸을 때 방해가 되는 돌입니다. 나아가는 데 불편하기에 걸림돌은 치워야 하는 돌입니다. 걸림돌이라는 말을 평소에 자주 사용하지 않기 때문에 순간 무슨 말인지 멍해졌습니다. 그 아이들은 내 앞을 가로막고 있으니 치워야 하는 대상이라는 의미인가? 수석선생님께서는 무슨 의도로 이 질문을 하신 것일까?

이 질문을 받았던 그해 3월을 떠올리면 지금도 한숨이 나옵니다. 새 학교로 옮겨 희망과 상관없는 학년을 배정받았습니다. 알고 보니 기존에 계시던 선생님들은 단 한 명도 그 학년을 희망하지 않았다고 합니다. 전입하면서 원하는 학년을 배정받길 바란 것은 아니지만 모두가 기피하는 학년에다 처음 맡은 업무들로 불만스러운 마음이 가득했습니다.

"너무 힘들어서 매일 ○○이가 나오는 악몽을 꿨어요."

"○○이 때문에 병가나 휴직을 생각하시는 선생님이 많으셨는데…."

"○○이 부모님은 진짜 이상해요. 1년 내내 선생님을 괴롭힐 수도 있어요."

어머나, 교직생활을 10년 넘게 했지만 이런 이야기는 처음이라 놀랐습니다. 아직 학생들을 만나지도 않은 2월에 학생에 대해 이런 말을 쏟아내는 동료 선생님들도 이상해 보였습니다. 아무리 무섭게 야단을 치고, 어르고 달래도 소용이 없었다는 지난해 담임선생님의 말씀을 듣고 마음이 무겁고 답답했지만, 한편으로는 생각보다 괜찮을지도 모른다는 근거 없는 낙관도 있었습니다.

'그래 봐야 아직 11살밖에 안 된 아이인데 뭘….'

지금 돌아보면 그때까지는 교사생활을 하면서 제가 의도하는 대로 아이들이 잘 따라왔기에 오만한 마음도 있었던 것 같습니다.

저 스스로를 좋은 선생님이라고 생각하고 살아왔습니다. 누가 인정해주어서 그렇다기보다 교사로서 아이들의 성장을 위해 스스로는 늘 최선의 노력을 다해왔기 때문입니다. 그런데 현실은 저의 믿음과 딴판이었습니다.

눈 앞에 펼쳐진 교실 붕괴

드디어 3월 첫날, 교실에 들어가니 이미 남학생 2명이 머리카락을 쥐어 잡고 싸우고 있었습니다. 새 학년 첫날, 선생님을 만나기도 전에 싸우고 있는 학생들은 처음 보았습니다. 웃으며 첫인사를 할 새도 없이 싸우는 아이들을 뜯어말리며 새 학기를 시작했습니다. 정말 어처구니가 없고 황당한 첫날이었습니다. 왜 선생님들이 그렇게 말씀하셨는지 바로 이해가 되었고, 앞날이 캄캄해져서 우울했습니다.

그런데 비단 1~2명의 문제가 아니었습니다. 26명 중 3~4명을 제외하고는 모든 아이가 싸움닭처럼 가시를 세우고 있었습니다. 뭐가 그렇게 억울하고 속상한 것이 많은지 수시로 우는 아이도 있었고, 자기는 잘못한 것이 전혀 없는데 친구가 먼저 시비를 걸었다고 고래고래 악을 쓰는 아이도 있었습니다. 심각하게는 분노조절장애를 가진 아이, ADHD 치료약을 먹고 있는 아이, 학습도움반 아이까지 있었습니다.

뉴스에서 이런 장면을 '교실 붕괴'라고 하던데, 바로 제 눈앞에 그런 교실이 펼쳐질 줄 몰랐습니다. 이쪽에서 친구들끼리 싸워서 갈등을 해결해주려고 이야기를 듣고 있으면 다른 쪽에서 또 싸웠습니다. 한마디로 '멘붕' 그 자체였습니다. 말썽을 부리는 학생이 1~2명만 있다면 온 에너지를 쏟아 그 아이들을 챙겨주면 될 것 같은데 이렇게나 많은 말썽꾸러기들을 데리고 1년을 어떻게 꾸려가야 할지 정말 막막했습니다. 왜 과거에 이 학생들을 맡았던 선생님들이 병가나 휴직을 내고 싶어 하셨는지 하루 만에 이해가 되었습니다.

걸림돌 아니고 디딤돌

3월 한 달이 다 지나갈 무렵, 너무 힘들어 수석선생님께 멘토링을 요청했습니다. 수석선생님께 받은 첫 질문이 바로 이거였습니다.

"미정 선생님, 그 아이들이 선생님에게 걸림돌인가요?"

수석선생님의 설명이 이어졌습니다.

"교사를 힘들게 하는 학생들은 많아요. 우리는 모든 아이를 품을 수도 없고, 아이들의 모든 문제를 해결해줄 수도 없어요. 교사가 아무리 잘해도 모든 학생, 모든 부모님으로부터 이해받을 수 없어요. 물론 한두 명이 다른 학생들의 수업권을 방해하고 있다면 협력교사의 도움을 받아야겠죠.

그런데 진짜로 요즘에는 교사 혼자의 힘으로 해결할 수 없는 학생들이 정말 많습니다. 어떤 아이들은 가정적인 문제로 인해 교사의 역량 범위 밖에 있어요. 겨우 13살 된 6학년 아이가 담임교사를 성희롱하는 경우도 있고요. 자기들끼리 무리를 만들어 친구들을 괴롭힌다거나, 어른들의 못된 행태를 그대로 답습하는 아이들도 많죠. 그럴 때는 지역사회나 관계기관의 도움을 요청해야 하고, 사회적·구조적으로 해결할 방법을 모색해야 합니다. 이미 선생님은 최선을 다해서 지도했어요. 교사도 사람이잖아요."

교사가 모든 것을 다 할 수도 없고, 다 해줄 수도 없다. 교사도 사람이다. 수석선생님의 이 말은 아이들로 인해 힘들었던 저에게 큰 위로가 되었습니다. 교사마다 성향이 달라서 지도하는 방법도 다릅니다. 저의 방식이 꼭 그 아이에게 맞는 것도 아닙니다. 그러나 교사인 우리는 자신의 역량을 최대한 발휘해서, 최선을 다해서 아이들을 지도합니다.

"그런데 그 아이는 선생님에게 걸림돌인가요?"

걸림돌이라는 낯선 단어가 이상하게도 그 순간 찰떡같이 어울립니다. 걸림돌은 제가 가는 길을 방해하는 돌이기 때문에 치워야 합니다. 저 아이들만 없으면 교실은 평화로워질 것이고, 저 또한 편안하고 행복할 것입니다. '저 아이들이 우리 반의 걸림돌이지.' 라고 저도 모르게 생각하고 있었습니다. 그런데 이성적인 자아는 교사라면 그렇게 생각하면 안 된다고 고개를 젓고 있었습니다. 잠시나마 아이들을 걸림돌이라고 생각한 제가 부끄러웠고, 아이들에게 미안해졌습니다.

"실은 그 아이가 걸림돌이 아니고 디딤돌이지 않을까요?"

수석선생님의 한마디에 저는 말을 잃고 생각에 잠겼습니다. 매일 아침 출근하기가 너무 싫을 정도로 저를 힘들게 했는데…. 걸림돌이라고 생각했던 학생이 내 인생의 디딤돌이 될 수도 있다니 말도 안 된다고 생각했습니다. 제가 모든 것을 해결해줄 수도 없는데, 어떻게 그 아이가 저에게 디딤돌이 되는 거죠?

고마운 존재로서의 아이들

"지금 선생님이 힘들다는 건 반 아이들도 힘들다는 뜻이에요. 세상에 일방적인 것은 없어요. 단지 표면으로 드러나는지 안 드러나는지의 차이가 있을 뿐이지."

아, 맞습니다! 우리 반에 있는 다른 아이들은 얼마나 힘들었을까요? 사실 문제행동을 일으키는 몇몇 아이들도 표면적으로는 다른 아이들을 다치게 하고 있지만, 그들도 아픈 아이들입니다. 우리 반 아이들은 어떤 아이들일까요? 이제 고작 11년을 살아내고 있는 아이들입니다. 아직 빛나는 원석인데 제가 그 아이들을 어떤 눈으로 바라보고 있었을까요?

걸림돌이 아니라 디딤돌. 이미 만들진 빛나는 보석이 아니라 원석 그 자체. 원석을 갈고 다듬어 줘야 하는 존재가 바로 교사인 우리들이고요. 원석은 수없이 갈고닦아 연마해야 보석이 됩니다. 생각해보니 아이들만 연마해야 하는 것이 아니라 부족한 교사인 저도 함께 연마해야 함을 느꼈습니다.

걸림돌과 디딤돌은 천양지차입니다. 교사가 '이 학생은 내 인생의 걸림돌'이라고 생각하면 그 학생을 어떻게 대할까요? 생각만 해도 인상이 찌푸려지고 보기 싫어집니다. 걸림돌의 뜻처럼 그 아이는 우리 교실에서 치우고 싶은 존재가 되는 것이지요. 반면 디딤돌이란 디디고 다닐 수 있게 드문드문 놓은 평평한 돌입니다. 즉 어떤 문제를 해결할 수 있는 발판이 되는 돌이지요. 저를 힘들게 하는 사고뭉치들이지만 교사로서 제대로 공부해보라고 도와주는 아이들입니다. 그래서 아이들은 우리 인생의 디딤돌이자 스승님이 될 수도 있다는 수석선생님의 말씀이 가슴 깊이 와 닿습니다.

수석선생님과 이야기하다 보니 아이들에 대한 관점이 바뀝니다. 아이들은 완벽한 존재가 아닙니다. 아직 많이 부족해서 학교에 배우러 오는 존재입니다. 그런데 교사인 저는 완벽한 아이들만 우리 교실에 있기를 바랐던 것입니다. 완벽하지 않은 아이들을 있는 그대로 받아들이지 못했던 것입니다.

"그 아이들을 '고마운 존재'로 바라보는 것은 어떨까?"
"네? 고마운 존재라고요? 수석선생님, 말도 안 됩니다."

분명히 아이들이 아직 다듬어지지 않은 원석이고, 어쩌면 제 인생의 디딤돌이자 스승님이 될지 모른다고는 생각했지만 '고마운 존재'까지는 아니었습니다. 솔직한 심정은 '나를 이렇게 힘들고 고통스럽게 하는 아이들한테 어떻게 고마워하지?'였습니다. 몸과 마음이 이미 지칠 대로 지쳐 있었기 때문입니다. '감사일기' 쓰기를 좋아해서 꾸준히 쓰고 있던 저인데도 '고마움을 실천해보자.'는 수석선생님의 이야기에는 선뜻 동의가 되지 않았습니다.

"미정 선생님은 감사가 가지는 파워풀한 에너지에 대해 잘 알고 있잖아요, 그것을 교실의 아이들과 함께 나눠보는 것은 어때요? 지금 선생님께는 아이들의 감사에너지도 필요한 것 같아요."

감사에너지가 얼마나 좋은 에너지인지는 이미 제 삶에서 경험했기에 알고는 있었지만, 교실에서 그것이 어떻게 가능할지는 가늠이 되지 않았습니다. 아이들한테 감사일기를 쓰라고 해야 하나? 아니면, 아이들에게 '고맙습니다'를 여러 번 말해보라고 가르쳐야 하나? 이런저런 고민이 떠올랐지만 잠시 접어두고 수석선생님이 알려준 미션을 수행해보기로 했습니다.

"그래, '고마워 샤워'부터 시작해보는 거야."

고마워
샤워

수석선생님과의 멘토링 후 마음에서 '걸림돌'이라는 단어를 제거하고 '디딤돌'이라는 단어로 바꿔 넣었습니다. 학생들을 감사와 사랑으로 대해야겠다고 굳게 마음먹었습니다. 출근하기 싫어서 이불 속에서 꿈틀거리던 어제와는 달리 새 마음 새 뜻으로 산뜻하게 하루를 시작했습니다.

"애들아, 선생님은 몇 년 전부터 감사일기를 매일 쓰고 있어. 그런데 학교에서 아이들과 감사일기를 쓰거나 고마움을 주제로 수업해본 적은 없어. 하지만 오늘부터 예쁜 너희들과 함께 '고마워 교실'을 운영하고 싶어. 오늘은 '고마워'로 시작하는 1일이란다. 우리 오늘부터 1일이야."

새끼손가락으로 약속을 하는 모습을 흉내 내면서 부드럽게 인사하니 아이들이 저를 이상하다는 듯 멀뚱멀뚱 쳐다만 보고 있었습니다. 하하하! 당연합니다. 어제까지 딱딱한 표정으로 잔소리를 쏟아붓던 담임선생님이 갑자기 이렇게 다정하게 말하니 얼마나 이상했을까요?

오늘부터 1일.
오늘부터 고마워 1일.

제가 말하긴 했지만 저 역시 이런 멘트에 닭살이 돋았습니다. 그냥 혼자서 "고마워!"라고 조그맣게 말만 해도 될 일을 굳이 왜 아이들에게 이렇게 이야기했을까? 약간 부끄럽기도 했습니다. 그래도 이왕 말을 꺼냈으니 칠판에 '오늘부터 고마워 1일'이라고 적었습니다. 이렇게 아이들에게 공언을 해야 실천할 수 있을 것 같았습니다.

"선생님, 그럼 100일 되면 파티도 해야겠네요?"

오케이! 감사로 곱게 물든 지 100일이 되면 '고마워 파티'를 하겠다고 약속했습니다. 이렇게 말하고 났더니 저의 다음 이야기를 기다리는 초롱초롱한 눈망울들이 제 얼굴 위로 쏟아졌습니다. 대체 '고마워 1일'인 오늘부터 '고마워'로 뭘 어떻게 할지 궁금했던 것이지요.

"고마운 것을 느끼면 고맙다고 말을 하는 거란다. 함께해보자."

아이들은 시큰둥한 반응을 보였습니다. 뭐지? 뭔가 대단한 것을 할 것 같았는데 너무 간단해서 실망스러웠나 봅니다. 사실 이렇게 던진 말이긴 했지만 저조차도 순간 '너무 간단한 것이라 이게 될까?' 하는 의심이 솟아올랐습니다. 감사가 주는 에너지와 힘, 그리고 감사마법사인 수석선생님을 믿고 소리쳤습니다.

"그래, 이제 우리 교실은 '고마워 교실'이야."

선생님 먼저 "수리수리마하수리 얍!"

감사함, 고마움에 대한 가치가 좋은 것은 누구나 알고 있습니다. 하지만 감사하는 생활을 실천하려고 하면 생각보다 어렵습니다. 습관이 형성되어 있지 않기 때문입니다. 감사하는 삶, 스스로를 긍정하는 삶으로 변화하고자 하는 많은 사람이 '감사일기'를 쓰고 있습니다. 감사를 습관으로 만들기 위해서입니다.

그런데 감사일기를 써본 적도 없고, 아직 배움의 단계에 있는 학생들에게 어떻게 '감사함'의 에너지를 전파할 수 있을까요? "좋은 것이니 잔말 말고 해!"라고 강요해서는 절대 안 됩니다.

수석선생님께 받은 첫 번째 미션은 '고마워 샤워'였습니다. '고마워'라는 말을 하루에 100번 이상 아이들에게 사용하라는 것이었습니다. 아이들에게 '고마워'라고 말하라고 강제로 시키는 것이 아닙니다. 교사인 제가 하루에 100번, 아이들에게 '고마워'라고 말하는 것입니다. 교사가 먼저 말하지 않고는 아이들이 배우기 어려우니 아이들에게 무조건 많이 들려주라고 했습니다.

이 책을 읽고 있는 선생님 혹은 부모님은 하루에 몇 번이나 "고마워!"라고 말하시나요? 아이들이 학교에 등교해서 하교할 때까지 과연 몇 번이나 "고마워!"라는 말을 할 수 있을까요? 저도 평소에 감사하다는 말을 나름대로 많이 하며 산다고 생각했는데, 막상 세어보니 하루에 100번 말하기는 정말 어려운 일이었습니다. 어떤 날은 10번도 어려울 듯합니다.

'아이들에게 하루에 100번이나 진심으로 고마울 일이 있을까?' 하는 비관적인 마음도 듭니다. 상대가 나에게 무엇인가를 베풀어줄 때 우리는 고마움을 느끼지만, 그저 매일 똑같은 평범한 일상생활이나 부정적인 상황에서는 선뜻 내뱉지 못하는 단어입니다. 일단 저는 교실에서 학생들에게 해줄 수 있는 모든 상황을 찾아서 "고마워!"라고 말했습니다.

심부름을 해줬을 때, 학급 우유를 가지고 왔을 때, 청소를 열심히 할 때, 수업시간에 좋은 태도로 열심히 참여할 때 등 아이들이 바른 행동을 했을 때 교사들은 칭찬을 합니다. 그런데 수석선생님은 "잘했어."라는 단순한 칭찬 대신에 꼭 "고마워!"를 사용하라고 미션을 주었습니다. 평소에 아이들에게 칭찬을 자주 해준다고 생각해왔는데 '고마워 샤워'를 시작하고 보니 지금까지 아이들에게 "고마워!"라는 말을 잘 사용하지 않았다는 걸 느낄 수가 있었습니다.

"수업시간에 태도가 정말 좋았어요."
"수업시간에 좋은 태도로 함께해줘서 고마워요."

두 문장 사이에는 어떤 차이가 있을까요? "고마워요."라는 단어 하나가 들어감으로써 아이들은 스스로가 한 행동에 대해 감사함을 되돌려 받게 됩니다. 그러면 아이들은 누군가에게 칭찬받기 위해서 행동하는 것보다 더 중요한 것을 한 가지 깨닫게 됩니다. 그것은 바로 스스로가 누군가에게 고마운 존재가 되었다는 인식입니다.

'소소감', 작지만 소중한 감사

"나는 그렇게 감사를 남발하기는 싫어. 내가 진짜 감사할 때만 감사하다고 말할 거야."

　주변 선생님들께 '고마워 샤워'를 함께 해보자고 말씀드리니 돌아온 대답입니다. 그렇게 생각할 수도 있습니다. 하지만 진짜 고마울 때가 언제일까요? 큰 선물을 받을 때? 아니면 누군가가 저 대신 몇 시간 동안 수고로운 일을 해줄 때?

　그 이야기를 듣고 나니 더 확실해졌습니다. 고마움에 진짜 고마울 때와 가짜로 고마울 때가 따로 있는 것이 아닙니다. 한때 유행했던 '소확행'이라는 단어가 떠오릅니다. 좋아하는 커피숍에서 마시는 따뜻한 커피 한잔처럼 작지만 확실한 행복을 '소확행'이라고 합니다. '소확행'처럼 저는 '소소감'을 실천해야겠다고 다짐합니다. '소소감'이란 '작지만 소중한 감사'입니다.

　작지만 소중한 감사인 '소소감'을 실천하려고 하니 지금 앉아 있는 이 교실도 감사합니다. 청년실업이 심각한 요즘 같은 때 일할 수 있는 직장이 있다는 것이 고맙습니다. 바람을 막아주는 창문도 고맙고, 저를 향해 환하게 웃어주는 우리 아이들도 고맙습니다. 편하게 숨 쉴 수 있는 공기가 있어 감사하고, 코로나바이러스로부터 저를 보호해주는 마스크도 정말 감사합니다. 관점을 바꾸어 생각해보니 지금 앉은 자리에서도 감사한 것이 10가지 넘게 떠올랐습니다. 하지만 생각으로 떠오를 뿐 입에서 "고맙습니다."가 쉽게 나오지는 않습니다. 조심스럽게, 작은 목소리로 말해봅니다.

"교실이 있어서 고맙습니다."

"애들아, 너희들이 있어서 정말 고마워!"

처음에는 닭살이 돋을 정도로 부끄럽고 이상했습니다. 감사일기를 제법 꾸준히 잘 쓰고 있다고 생각했는데, 이렇게 입 밖으로 내려고 하니 그렇게 어색할 수가 없습니다. 이 말은 평소에 "고맙습니다.", "감사합니다."라는 말에 인색했다는 뜻이겠지요. 왜 수석선생님이 고마워 교실의 시작이자 교사의 준비자세로 '고마워 샤워'를 권하셨는지 알게 되었습니다. 또한 "감사합니다."보다 아이들에게 "고맙습니다."를 더 많이 사용해달라고 했습니다.

"감사합니다가 높임말 아니에요?"

"고맙습니다는 순우리말이고, 감사합니다는 한자어라는 차이밖에 없어요. 그래도 우리말이 우리 정서에 더 잘 맞고 사용해보시면 더 정감이 있습니다."

이때부터 저는 하루에 100번 이상 아이들에게 "고마워!"라고 말하려고 노력했습니다. 고마워 샤워를 실천하려고 하니 언제, 몇 번이나 말해야 100번을 말할 수 있을지 고민이 되어 계산을 해봤습니다. 교실에서 아이들에게 말할 수 있는 시간은 교과전담 선생님들의 수업시간을 빼면 하루에 5시간입니다. 그러면 매시간

20번씩 고마워라고 말해야 100번의 고마워 샤워를 성공하는 셈입니다.

하지만 처음에는 약간 망설여지기도 했습니다. 수업 진도 나가기도 바쁜데 1시간에 고마워를 20번 이상 말하라고? 그러다가는 수업이 안 될 것 같은데…. 게다가 어떤 상황에서 고맙다고 말해야 할지 몰라 처음에는 1시간에 10번을 채우기도 어려웠습니다. 그래도 계속 실천하려고 노력했더니 점차 요령이 생겼습니다. 아이들이 활동을 다 한 학습지를 건네줄 때 예전에는 그냥 아무 말 없이 받았는데, 이제는 "○○아, 고마워!"라고 이야기합니다.

학습지를 가져다주러 오는 아이들은 저에게 "고마워!"를 듣고 가게 되고, 저 역시 "고마워!"를 26번이나 말할 수 있습니다. 야호! 드디어 고마워 샤워 성공의 길이 보였습니다. 어떤 시간은 학습지도 걷고, 공책도 받으면 1시간에 무려 52번이나 "고마워!"를 말하게 됩니다. 와우! 2시간만 해도 100번이 넘습니다. 다만 아이들이 공책을 줄 때마다 "고마워!"라고 말하는 것이 처음에는 무척 쑥스러웠습니다. 하지만 용기 내어 아이들 1명, 1명에게 눈을 맞추며 "고마워!"라고 말하니 제 기분도 좋아졌습니다.

"자리에 앉아줘서 고마워."

"그럴 수도 있겠네. 고마워."

앗, 이런 놀라운 일이…. 수업시간에 산만한 태도를 지적할 때나 아이들이 자꾸만 다른 이야기를 할 때도 제가 말끝마다 "고마워!" 라고 말해주고 있었습니다. 예전 같았으면 표정은 부드러웠을지 몰라도 이렇게 말했을 것입니다.

"자리에 앉아야지."
"수업 내용과 상관없는 이야기는 다음에 하자."

어느새 아이들에게 말하는 저의 표현이 바뀌고 있다는 것을 저도, 아이들도 느꼈습니다. 돌아보니 그즈음부터 교실에 마법 같은 변화가 일어나고 있었습니다.

'고마워'도
작심삼일?

'하아, 바쁘다 바빠.'

학교에 출근하면 교사들은 느긋하게 커피 한잔 마실 시간도 없을 때가 많습니다. 원격수업과 등교수업이 병행되고부터는 더욱 할 일이 많아졌습니다. 모르는 사람들은 교사가 컴퓨터 앞에 앉아서 뭔가를 하고 있으면 '수업도 안 하는데 뭐가 바쁘냐'고 할 수도 있습니다. 아이들을 사이버 공간으로 초대하고, 학습 상태를 부모님께 문자로 보내고, 출퇴근 시간도 없이 24시간 콜센터 수준으로 응대도 해야 합니다. 이렇게 요즘 교사들은 온라인과 오프라인 2개의 세상을 살아내느라 안간힘을 쓰고 있습니다. 눈에 보이지 않는 듯 보이며 존재하는 사이버 세상에서도 선생님이 되어야 하니 사실 몸이 여러 개라도 모자랄 지경입니다.

좌우간 원격수업이든, 등교수업이든 아침부터 바쁜 하루가 시작됩니다. 특히 학기초라면 취합해야 할 서류가 너무 많아 안내장을 일일이 모으는 데도 한참이 걸립니다. 거기에 안전교육도 실시해야 하고, 교사수첩에 적힌 오늘 할 일 목록도 빽빽합니다. 급한 파일부터 취합하고 정리하면서 정신없이 오전 수업을 합니다. 점심을 먹고 오니 아이들이 묻습니다.

"선생님, 오늘은 왜 고마운 것 말하기 안 해요?"

'오 마이 갓!' 아침에 취합해서 제출할 서류들이 많았고, 여러 행사까지 신경 쓰느라 '고마워 교실'을 깜박했습니다. 그런데 사고뭉치, 말썽꾸러기들이라고 생각했던 아이들은 제가 '고마워 말하기'를 잊은 것을 알고 있었습니다.

그러고 보니 칠판에 '오늘부터 고마워 3일'이어야 하는 숫자는 어제 적어놓은 '오늘부터 고마워 2일'에 머물러 있습니다. 아이들에게 미안하다고 이야기하며 숫자를 바꿔놓습니다. 그리고 선생님은 깜박할 수 있으니 감사 날짜 바꾸는 것도 역할활동에 넣으면 좋겠다고 하자 아이들은 서로 하겠다고 손을 듭니다.

아! 작심삼일! 수석선생님 말씀이 맞았습니다.

"미정 선생님, '72시간의 법칙'을 아시나요? 어떤 생각이나 계획을 떠올리고 나서 72시간 이내에 실행하지 않으면, 그것은 거의 실행이 되지 않는데요. 그러니 내일 당장 교실에서 실천해줘요. 그리고 작심삼일이 될 수 있다는 것도 꼭 기억해야 해요. 그럴 땐 스스로가 안 된다고 자책하지 말고, 다시 마음을 먹고 실천하면 됩니다. 그것이 작심삼일에서 벗어나는 유일한 방법입니다. 무의식 속 습관으로 자리 잡기까지는 누구나 시간이 걸려요."

'72시간의 법칙'을 생각해서 바로 다음 날부터 시작하기는 했지만 정말 3일 만에 무너졌습니다. 새해가 되면 사람들은 '1년 동안 책 100권 읽기', '다이어트' 등의 계획을 야심 차게 세웁니다. 하지만 의지력이 강한 몇 사람들을 제외한 대부분이 작심삼일로 끝나고 맙니다. 저 역시 고마워 교실을 운영하겠다고 다짐했는데, 작심삼일이 되고 말았습니다. 아이들에게 너무 부끄럽고 미안했습니다.

'작심삼일! 나는 안 그럴 줄 알았는데….'

바쁘다는 핑계로 정신없이 무너지고 말았습니다. 그래도 괜찮습니다. 실패했으면 다시 오늘부터 시작하면 됩니다. 아침에 '고마워 말하기를 왜 하지 않느냐'고 챙겨준 아이들이 정말 고마웠습니다. 작심삼일인지도 모르고 있는 선생님을 다시 일으켜준 고마운 아이들입니다. 아침에 '고마워 말하기'를 못했으니 집에 가기 전에 오늘 하루 동안 고마웠던 것을 1가지씩 말하기로 합니다.

"안내장을 안 가지고 왔는데 선생님이 화내지 않고 내일 가지고 오면 된다고 말씀하셔서 고맙습니다."

"체육 시간에 멀리 뛰기가 무서워 떨고 있는데 짝이 힘내라고 해줘서 고마웠어요."

아이들과 하루 동안 고마웠던 것을 1가지씩 말하고 헤어지니 하루가 아름답고 훈훈하게 마무리되었습니다. 아이들을 보내놓고 생각합니다. 고마워 교실을 선언한 지 이제 3일입니다. 그동안 저는 어떤 노력을 했을까요? 그리고 앞으로 어떻게 해야 할까요? 작심삼일이 아닌 매일 고마워 교실을 만들기 위해서 저는 감사의 날개를 달고 새롭게 태어나야 했습니다. 선생님인 저부터 고마움으로 곱게 물들어야 했으니까요.

고마움
찾기 놀이

"고마운 게 하나도 없어요."

고마워 교실을 운영하기 위해 교실 곳곳을 감사로 도배합니다. 저의 감사에너지를 200% 활용해 아이들에게 감사가 스며들도록 노력합니다. 하지만 찬물을 끼얹는 아이들이 꼭 있기 마련입니다. '고마워 말하기'를 할 때, 수업시간에 '지역사회에 계신 분들에게 고마운 점 찾아보기' 등의 활동을 할 때마다 나오는 말입니다.

"저는 고마운 게 하나도 없는데요."

이런 말을 듣고 나면 힘이 쭈욱 빠집니다. 저의 감사에너지도 다 빠져나가는 것 같습니다. 질문을 듣고 1초도 생각하지 않은 채 '고마운 게 하나도 없다'고 말해서 다른 아이들에게까지 좋지 않은 영향을 주는 그 아이가 얄미웠습니다. 잔소리가 목구멍까지 나왔다가 멈춘 적이 한두 번이 아닙니다.

정말로 고마운 것이 하나도 없었을까요? 아니면, 왜 그런 마음을 갖게 되었을까요?

감정도 습관이다

《감정은 습관이다》라는 책이 있습니다. 작가는 정신과 전문의인 박용철 선생님인데, 책에서 감정이 습관이라고 말합니다. 작가는 정신과를 전공하고 환자들을 만나오면서 감정도 습관이 된다는 것을 여러 차례 경험했다고 합니다. '감정 습관'이란 자신도 모르게 익숙해진 감정을 습관처럼 자꾸만 선택하게 된다는 것입니다. 그 책을 읽고 났더니 세상에 감사한 것이 없다고 말하는 학생들이 이해가 되었습니다.

감사한 감정을 느낀 경험이 없는 학생들은 감사함을 찾기가 너무 어렵습니다. 감사함이라는 감정도 경험을 해봐야만 비로소 눈을 뜨게 됩니다. 이렇게 감사한 감정을 한 번이라도 느껴보면, 두 번째부터는 서서히 눈이 떠지듯이 감사한 것이 하나하나 눈에 들어옵니다. 이제까지는 몰랐던 감사함을 새롭게 발견하는 것입니다.

제가 감사일기를 처음 쓰던 그때를 떠올려 봅니다. 그날 있었던 일 중에 감사한 것을 적어야 하는데 저 역시 감사한 것이 하나도 없었습니다. '오늘 누군가의 도움을 받았었나?', '감사한 일이 오늘은 진짜 없었는데…'. '와, 오늘은 진짜 일 폭탄 터져서 너무 힘들었는데…', '감사한 일이 하나도 없는데 감사일기를 어떻게 적지?' 이런 고민을 한참 하다 겨우 한두 가지를 썼습니다.

과거의 저도 그랬는데 아이들은 어떨까요? 아직 감사함을 많이 경험해보지 못한 아이들에게 제가 아무리 하루에 100번씩 '고마워 샤워'를 경험시켜준다 한들, 아이들의 감정 습관이 단기간에 바뀔 리가 없었습니다. 어떻게 해야 할까요?

제가 한참 고민하고 있을 때, 수석선생님이 저에게 준 두 번째 미션은 우리 삶에 녹아 있는 고마움을 찾아내는 놀이였습니다.

"다양한 관점에서 세상을 보지 못하면 감사함을 찾기가 어려워요. 감사를 느끼는 것도 한정적이죠. 한정적이라는 것은 사고의 범위가 좁다는 뜻이잖아요? '고마움 찾기'는 '관점의 다양화'에서 시작해야 해요. 다양한 관점에서 다양하게 현상을 보고, 다양하게 해석하는 연습을 해보면, 자연스럽게 사고의 폭이 넓어지고 창의성도 올라갑니다. 그래서 감사함 찾기 활동은 인성과 학습이라는 두 마리의 토끼를 잡을 수 있어요. 또 한 가지 덧붙이면, 주변을 둘러싼 모든 것이 어떻게 서로 연결되어 도움을 주는지 살펴볼 수 있어야 감사함이 만들어져요. 연결감이 좋다는 것은 행복감을 충족하는 데 또 하나의 도구가 되고요."

"그러면 오늘부터는 아이들에게 다양한 감사함을 매일 10개씩 찾아오라고 해야겠어요."

"안 돼요! 숙제가 되면 아이들은 '고마워'가 싫은 감정이 될 수도 있어요."

수석선생님의 단호한 반응에 흠칫 놀라면서도 고개가 절로 끄덕여졌습니다. 감사함의 가치는 숙제를 내준다거나 억지로 가르친다고 내면화되는 것이 아닙니다. 그런 점을 모르지는 않았지만 빨리 알려주고 싶은 성급한 마음이 컸습니다.

"숙제가 아니라 짝과 함께 하는 놀이구조를 만드세요. 혼자보다 둘이 할 때 더 다양한 관점이 생기기도 하고 즐거움도 생겨요. 짝과 함께 이야기하면서 발생하는 즐거움, 만족감이라는 감정이 감사함의 가치를 더 행복하게 내면화할 수 있도록 도와준답니다."

우리 교실 감사함 찾기 미션

저는 감사함 찾기를 어떻게 하면 놀이처럼 할 수 있을까 고민했습니다. 그리고 다음과 같은 교실 활동 만들고 수업시간에 수행해 보았습니다.

우리 교실 감사함 찾기

○ **미션주제** : 우리 교실의 감사함을 짝과 함께 10개 찾아오기.

○ **미션시간** : 20~30분, 교실상황에 따라 적절하게 시간 조정.

○ **활동방법** :

　① 짝과 교실을 돌아다니면서 감사함을 찾아보고 감사한 점 말하기.

　② 감사한 점을 말할 때는 그 이유도 함께 말하기.

　　예) "쓰레기통이 있어서 감사합니다."

　　▷ "쓰레기통 덕분에 우리 교실을 항상 깨끗하게 유지할 수 있습니다. 고맙습니다. 감사합니다."

○ **주의할 점** : '때문에' 대신 '덕분에'라는 단어를 사용하도록 지도하기.

　처음에는 아이들 대부분이 머뭇거렸지만, 한편에서 어떤 아이들은 시작하자마자 10가지도 넘는 감사함을 찾아내기도 했습니다. 사물에 관심을 가지니 교실의 모든 사물에서 감사함을 찾을 수 있다는 것을 깨달은 것이지요. 하지만 또 다른 한편에서 어떤 아이들은 그저 멀뚱히 서 있을 뿐 대화도 잘 안 되고 있었습니다. 이럴 땐 어떻게 해야 할까요?

　수석선생님의 책 《하브루타 질문수업에 다시 질문하다》를 보면 학생들이 학습에 즐거움을 느끼는 조건 중에 '짝'의 중요성이 나옵니다. 짝 이동 활동을 적절하게 배합하면 빠른 속도로 사고력을 확장시켜주고 학습활동에 즐겁게 참여할 수 있습니다. 원래는 20분간 짝활동을 할 계획이었지만 10분 정도 지난 후에 짝을 바꾸어서 미션을 이어가도록 했습니다. 그러자 먼저 했던 짝과 발견한 감사함을 모티브로 하여 아이들은 정말 다양한 감사함을 찾아내었습니다.

"우리가 앉을 수 있는 튼튼한 바닥이 있어서 감사합니다."라고 한 명이 말하자 여기저기에서 "어! 맞네! 이 바닥이 약했으면 다 무너져서 우리가 다쳤을 텐데! 듣고 보니 우리 교실 바닥은 진짜 튼튼하네!"

평소에 교실 바닥에 대해 생각조차 해본 적이 없었는데 교실 바닥이 감사한 존재로 바뀌는 순간입니다.

"창문 덕분에 햇빛과 바람이 솔솔 들어와서 감사합니다."

창문이 없었더라면 어찌할 뻔했을까요?

교실을 가득 채운 왁자지껄한 소리에는 전부 "고맙습니다."가 담겨 있었습니다. 말부터 하고 글로 작성하게 한 덕분에 그 30분 간은 선생님이 학생에게 해주는 말이 아니라 서로가 서로에게 해주는 '고마워'를 들으면서 즐겁게 활동했습니다.

아이들은 교실에 있는 책상, 의자, 선생님, 친구들은 기본이고 시계, TV, 컴퓨터, 칠판, 분필, 공기, 쓰레기통, 히터, 에어컨, 작품

게시판, 문, 휴지, 화분, 연필 깎기, 블라인드 등 정말 사소하다고 생각했던 것까지 감사함으로 승화시켰습니다.

물론 그런다고 곧바로 감사함이 내면화·체질화되지는 않습니다. 세상에 존재하는 물건들이 이렇게 나에게 많은 도움을 주고 있다는 것을 잠시 인식해본 정도입니다. 그렇지만 교실에 고마운 물건들이 많이 존재하고 있음을 알게 되면 아이들은 다양한 관점을 갖고 결과적으로 교실 생활도 달라집니다.

매일 아침 고마움으로 시작하는 하루

교실에 대한 고마움 찾기 활동을 했을 뿐인데 아이들이 교실을 바라보는 눈이 달라진 듯했습니다. 그렇다면 등교하자마자 고마움 말하기를 해보면 어떨까요? 하루의 시작부터 뭔가 더 좋은 효과가 있지 않을까 하는 생각이 번뜩 들었습니다. 처음에는 아침에 있었던 감사함 말하기, 등교할 때 고마운 점 말하기 등으로 시도해보았습니다. 그랬더니 예상과 달리 아이들의 이야기가 대부분 비슷비슷했습니다.

그래서 수석선생님의 책《한 줄의 기적, 감사일기》뒷부분에 나온 '감사함을 찾는 20가지 방법'을 활용해보기로 했습니다. 거기에 나오는 예시들을 참고하면서 아침마다 주제별로 고마운 점 말하기를 실천하기 시작했습니다. 자연, 가족, 예술, 시간, 나라, 직장, 직업, 인간관계, 교육, 생활도구, 집, 옷, 음식, 사회 제반 시설, 이웃, 책, 건강, 변화, 사람, 깨달음, 풍요, 꿈, 소망 등등의 주제를 1가지씩 제시하고 그에 대한 감사함을 이야기해보는 것입니다.

"오늘 주제는 자연입니다. 자연에는 어떤 것일 있을까요?"
"식물, 동물, 꽃, 풀, 나무….."
"얘들아, 눈에 보이지 않아도 자연이 우리에게 주는 이로움이 많단다. 그러한 것도 함께 생각해보렴."

아이들은 아침에 마신 물도 고맙고, 숨 쉬게 해주는 공기도 고맙다고 말했습니다. 주제를 주니 한결 편안하게 생각하고 찾는 모습이 보였습니다.

아침마다 싸우는 아이들을 진정시키고 폭풍 잔소리를 쏟아내던 예전의 모습은 온데간데없이 사라지고, 고마운 점 찾기로 하루를 시작하게 되었습니다. 그러니 이 아이들은 어쩌면 선한 존재일 수도 있겠다는 생각이 들었습니다. 서로 죽일 듯이 싸우는 모습을 볼 때는 천사의 모습이 하나도 보이지 않았는데 '아침 고마움 말하기'를 하자 아이들 뒤에 숨겨져 있던 천사의 날개가 보이기 시작했습니다.

저부터 시작해서 26명이 1가지 주제에 대해 고마운 것을 다 말하고 나자 교실의 온도가 달라졌습니다. 이유를 모를 훈훈한 공기가 우리를 감싸고 아이들의 눈빛도 편안해지고 부드러워졌습니다. 더 놀라운 것은 그런 아이들을 바라보는 제 시선이 바뀌려고 꿈틀거린 점입니다. '이 아이들이 내 인생에 걸림돌이 아니라 정말 디딤돌이란 말인가?'라는 생각이 아지랑이처럼 피어올랐습니다.

그럼에도 불구하고, 고마워

"선생님, 오늘은 고마움 찾기 뭐해요?"

제 학교생활에 가장 큰 걸림돌이라고 생각했던 1호님이 와서 묻습니다. 우리 반 1호님은 늘 건들거리는 행동거지에 마음속에 분노와 짜증이 가득한 학생이었습니다. 누가 옆에 지나가기만 해도 거칠게 화를 내며 교실이 떠나갈 듯 소리를 질렀습니다. 아침에 학교에 와서 인사를 해도 말투와 태도가 어쩜 그렇게 밉상인지, 인사를 듣고 나면 오히려 기분이 나빠져서 잔소리가 목 끝까지 차오릅니다. 1호님의 부정성이 어찌나 강한지 아이들에게 '고마워 샤워'를 하겠다고 결심한 저도 1호님을 대할 때마다 무척 힘들었습니다. 저도 그런데 함께 지내는 친구들은 얼마나 힘들까 하는 생각도 한편으로는 들었습니다.

"선생님, 오늘 체육 시간에 뭐해요?" 하고 묻는 학생들은 많습니다. 하지만 "선생님, 오늘은 고마움 찾기 뭐해요?"라고 묻는 학생은 처음입니다. 게다가 우리 반 1호님이 그런 질문을 하다니요. 저도 당황해서 "응?" 하고 되물었습니다.

"그냥 오늘은 고마움 찾기 놀이 뭘 하는지 궁금해서요."

1호님이 묵직한 목소리로 대답합니다. 순간 너무 놀라서 멍해졌습니다. 고마워 교실을 운영하기로 마음먹은 첫날 '오늘부터 고마워 1일'이라고 했을 때 아이들의 반응은 그야말로 없을 '무無' 그 자체였습니다. 감사로 시작하는 1일도 이상했을 것이고, 교실에서 고마운 것을 찾는 활동도 처음 해보는 것이라 낯설었을 겁니다.

그런데 학교에 온 1호님이 '오늘의 고마움 찾기 주제가 무엇인지' 묻자 정신이 번쩍 들었습니다. 그리고 아이들이 겉으로는 내색하지 않았지만 감사에너지에 관심을 갖고, 호기심을 느낀다는 것 자체가 고마웠습니다.

우리 반 1호님의 감사

힘들다고 소문난 아이들과 함께 어떻게든 1년을 잘 지내보기 위해 선택한 한 줄기 희망이 '고마워 교실'이었습니다. 고마워 교실을 운영하겠다고 야심차게 시작했지만 이제 겨우 실행한 것이라고는 아침마다 주제별로 고마운 것 말하기 정도였으니 말입니다. 1호님의 질문을 받고 나서야 교과와 생활 지도 면에서 감사를 어떻게 적용해야 할지 계획을 세워두면 좋겠다는 생각이 들었습니다.

'역시 1호님은 걸림돌이 아니라 내 인생의 스승이었어.'

정말 1호님은 교사로서의 제 인생에 디딤돌이 되어주었습니다. 아직 수립된 계획은 없지만 1호님의 질문에 제대로 된 응답을 해주고 싶었습니다. 오늘 아침 고마움 말하기 주제가 '친구'였기에 《친구에게》라는 책을 읽어 주었습니다.

김윤정 작가님의 그림책 《친구에게》는 OHP 필름을 이용한 독특한 형태로 구성된 책입니다. 한 장을 넘기면 친구의 모습이 다르게 완성되는 그림이 나타납니다. 기쁜 일이 있을 때는 함께 기뻐하며 즐거워할 수 있고, 슬픈 일이 있을 때는 함께 슬퍼하며 마음을 나눌 수 있는 사람. 그런 사람이 바로 친구라는 메시지가 잘 표현된 그림책입니다. 이 책을 읽어주고 나서 친구에 대한 고마운 점 말하기를 하니 아이들이 제법 진지하게 생각하고 잘 말했습니다. 그림책을 활용한 덕분에 아이들의 생각이 더욱 풍성해지고 다양해졌습니다.

그리고 나서 곧바로 창의적 체험활동 시간과 연계해 친구에게 감사 쪽지 쓰기를 실시했습니다. 포스트잇을 1장씩 나누어주고 자신의 뒷번호 친구에게 감사한 점을 쪽지에 쓰도록 한 활동입니다.

"안 친한 친구에게 전할 고마움을 어떻게 찾죠?"

그런데 제 예상과 달리 여기저기에서 짜증 가득한 목소리가 들어왔습니다. 감사 쪽지 쓰기를 하기 싫다는 얘기였죠. 친구에 대한 고마운 점 말하기를 잘해서 이것도 좋아하고 잘할 줄 알았는데 반전입니다. 아이들은 뒷번호 친구에게는 쓸 말이 없다고 했습니다. 그렇다고 만약 좋아하는 친구에게 감사 쪽지를 써보라고 하면, 5~6명의 아이들에게만 쪽지가 몰릴 것이 분명해 보였습니다. 그렇게 되면 감사 쪽지를 받지 못한 아이들이 상처받을 수도 있는 상황입니다.

"사람은 누구나 장단점이 있기 마련이에요. 단점만 바라보면 그 사람이 가진 귀한 장점이 가려질 때가 많습니다. 남들이 찾지 못하는 그 친구의 장점을 잘 생각해보고 그 친구에게 감사함을 전할 수 있으면 좋겠어요. 고마워요."

아이들이 동의하지 않을 듯하여 제가 하고 싶은 말을 하고 얼른 뒤에 "고마워요."를 붙여서 말했습니다. 솔직히 말하자면 저도 그 순간에는 어떻게 대처해야 좋을지 알 수가 없었습니다. 민주적인 교사로 아이들의 의견을 존중해주고 싶기도 했지만, 그렇다고 아이들이 하자는 대로만 하는 게 존중인가 하는 생각도 들었습니다. 어쨌건 나름대로 이유를 들어 설득을 해보고, 그냥 "고마워요."로 급하게 마무리했습니다. 그런데 아이들이 의외로 순순히 연필을 잡고 감사 쪽지 쓰기를 하기 시작했습니다.

아이들이 쓴 감사 쪽지는 곧바로 뒷번호 친구에게 전해주지 않고 칠판에 붙어 있는 메모 보드에 붙였습니다. 오며 가며 다른 친구들이 뭐라고 적었는지를 보게 하고 싶었습니다. 그런데 처음이라 그런 건지 아이들이 적은 내용은 거의 다 비슷했습니다.

"지우개를 빌려줘서 고마웠어."
"연필을 빌려줘서 고마웠어."
"색연필을 빌려줘서 고마웠어."

왜 아이들은 친구에게 무엇을 빌릴 때만, 도움받을 때만 고마움을 느낄까? 아이들이 친구의 존재만으로도 감사함을 느끼면 좋겠는데 아직 그것까지는 무리였습니다. 투덜거리면서도 한 문장이라도 적어준 우리 반 아이들에게 고마워하며 활동을 마무리했습니다.

그런데 알고 보니 이유는 다른 데 있었습니다. 이 활동을 하고 나서 저는 두 번째 미션에 대해 수석선생님과 대화를 나눴습니다. 수석선생님의 피드백은 제가 전혀 생각하지 못한 것이었습니다. 단순히 아이들이 처음 하는 활동이기 때문에 고마움 찾기를 잘 못한다고 생각한 것은 저의 착각이었습니다. 또한 아이들이 친구에 대한 고마움을 찾을 수 있는 역량이 없어서 그렇게 적은 것도 아니었습니다.

"미정 선생님, 아이들한테 '사이좋게' 지내라고 하지요? 그 '사이'가 뭔지 아세요?"

"사이…요?"

알다시피 '사이'는 이쪽부터 저쪽까지, 또는 A에서 B까지의 거리나 공간을 의미합니다. 그리고 사람들끼리 '사이좋게' 지내려면 너무 멀지도, 너무 가깝지도 않게 적절한 거리가 필요하다고도 합니다.

친구라는 것은 '관계를 맺고 있는 사이'입니다. 이 관계는 상호작용을 통해서 만들어지고, 그 관계 속에서 부정이든 긍정이든 무언가가 발생합니다. 그 관계의 상호작용 과정에서 아이들이 고마움을 찾아낼 수 있도록 도와주어야 합니다. 아직 서로가 서로를 잘 모르는 상황이라면, 관계 형성이 잘 안 되어 있는 상태인 것입니다. 그런 아이들에게 고마움 찾기를 해보라고 했던 게 문제였습니다.

    그렇다면 '친구에게 고마운 점 찾기'는 어떻게 하는 게 효과적일까요? 학생들의 상호작용이 빈번하게 이루어지는 활동을 한 후에 고마움 찾기를 하는 것이 좋습니다. 먼저 활동을 통해 만난 친구의 이름을 작성하도록 합니다. 그리고 고마움을 전하고 싶은 친구 1명을 정해 작성하거나 릴레이 방식으로 서로서로 작성하게 합니다. 그러면 모든 아이가 참여하게 되고, 활동 후 감사 쪽지를 쓰는 것이기 때문에 과거의 고마움보다는 가장 최근 시점에 느낀 고마움을 찾게 됩니다. 그러다 보면 찾기도 쉽고 쓰기도 쉬워집니다. 쓰기 쉬워지면 고마움 찾기에도 더 진지하게 다가가게 되죠.

    지금 생각해보면 그때 우리 반 아이들이 얼마나 당황스러웠을까요? 선생님이 정해준 사람에게 무조건 고마움을 전하라니요. 교실에서 대화해본 적도 없고, 놀아본 적도 없는 친구에게 갑자기 고마움을 찾으라니요. 그저 웃음이 납니다. 그럼에도 불구하고 아이들은 뭐라도, 작은 것 하나라도 고마움을 찾아보려고 노력했습니다. 그걸 부족한 교사인 제가 몰라줬습니다.

    "애들아, 정말 고마워."

고마워로
성장하는 나

'나는 어떤 선생님일까?'

'고마워'라는 키워드를 잡고 아이들을 대하려고 하자 떠오른 질문입니다. 그동안 나는 어떤 선생님이었지? 그리고 지금은 어떤 선생님이고, 앞으로는 어떤 선생님이 되고 싶은 걸까? 목표가 있어야 나아갈 수 있고 현재의 상태를 알아야 그에 맞는 진단을 내릴 수 있습니다. 그래서 저는 제가 어떤 선생님인지를 깊이 생각해보았습니다.

"떠들지 마세요!"

"복도에서 뛰지 마세요!"

"장난치지 마세요!"

5년 전, 제가 교실에서 가장 자주 한 말입니다. 그때도 열정이 가득하고 매일 최선을 다해서 아이들을 가르치는 선생님이었습니다. 하지만 완벽주의에 가까운 성향이라 제가 이렇게 열심히 가르쳐주는데 왜 이해를 못 하는지, 아이들을 이해하기가 힘들었습니다.

그래서인지 제 말을 잘 듣고 바른 자세로 열심히 공부하는 대부분의 아이들보다 말 안 듣는 몇 명이 눈에 더 자주 들어왔던 것 같습니다. 그 학생들을 바른길로 이끌어야 한다는 생각에 잔소리를 많이 했습니다. 그런데 그 잔소리에는 말끝마다 "○○하지 마세요."라는 부정적인 언어가 붙어 있었습니다. 그 사실을 이제야 깨달았습니다. 왜 그때는 제 말에 부정적인 언어가 이렇게 많았다는 걸 몰랐을까요? 저는 무엇을 놓치고 있었던 걸까요?

5년 전의 저를 떠올려봅니다. 출근하면 교실에서 26명의 학생들과 열심히 수업했습니다. 제가 짜 놓은 수업 지도안대로 동기유발부터 활동1, 활동2, 활동3을 하고 수업정리와 차시예고까지 완벽하게 설명했습니다. 아이들에게 지식을 하나라도 더 많이 가르쳐주고 싶었습니다. 그래야 좋은 선생님이라고 믿었기 때문입니다.

지금의 나 vs. 5년 전의 나

쉬는 시간이 있기는 했지만 학생들과 있으면 늘 화장실 갈 시간도 없었습니다. 그래서 방광염에 걸릴 때도 많았습니다. 항상 뭐가 그리 바쁜지 "바쁘다, 바빠!", "아, 피곤해!"를 입에 달고 살았습니다. 수업을 마치고 학생들이 돌아가고 나면 수업 이외의 업무를 처리했고, 퇴근 시간까지 지도서를 펼쳐놓고 파워포인트 자료를 만들며 내일 수업을 열심히 준비했습니다.

초임 교사 시절, 수업연구대회에서 여러 선생님의 도움과 행운으로 1등급을 받았습니다. 그때 이후로 다른 선생님들은 저를 똑똑하고 야무진 선생님이라며 칭찬해주셨습니다. 다른 사람들의 눈에 비친 저는 수업 잘하는 선생님, 열정 가득한 선생님, 잘 웃고 사랑스러운 선생님이었습니다. 사실 저도 제가 그런 줄 알고 살았습니다. 제 귀에 들리는 평가가 너무 높았습니다. 그때는 주위의 모든 분이 "예쁘다.", "잘한다." 하고 칭찬해주시니 그렇게 믿고 싶었습니다. 그런데 지금 생각해보면 중요한 무엇인가가 빠져 있습니다. 그것을 놓친 줄도 모르고 열심히 가르쳤다며 늘 뿌듯해하고 있었습니다.

6년이 훌쩍 지난 지금 2015년을 떠올리면 가장 먼저 호야가 떠오릅니다. 하하호호 아이들이 행복해하던 장면이 아니라 제 말을 안 들어 저를 힘들게 했던 호야가 먼저 떠오른다는 게 너무 이상합니다. 좋은 것만 기억하기에도 모자라다고 생각하며 살았습니다. 그런데 제 생각주머니에는 저를 힘들게 했던 호야가 가장 크게 자리 잡고 있었던 것입니다. 그런데 제가 6년이 지난 지금도 힘들었다고 떠올린다면 '6년 전에 그 아이의 마음은 어땠을까?' 싶어 너무 가슴 아프고 미안해집니다.

당시에는 제가 가르쳐주는 것은 학생들이 100% 이해해야 한다고 생각했습니다. 그리고 저는 제가 아이들이 이해하기 쉽게 잘 가르치는 교사라고 스스로 확신했습니다. 그런데 제 품에 들어오지 않던 호야는 늘 눈엣가시였습니다. 아마 그 시절에 호야는 제 마음의 걸림돌이었을 겁니다. 지금 생각하면 공부가 전부가 아닌데, 왜 그때는 그렇게 하나라도 더 가르쳐주지 못해 안달했을까요? 우물 안 개구리 시절 제가 놓치고 있었던 무언가로 인해 호야를 더 포근하게 감싸주지 못한 것 같습니다. 정말 미안합니다.

내 삶을 바꿔준 감사라는 이정표

5년 전의 제 모습을 되돌아보기 위해 그 당시 운영했던 학급 밴드를 살펴보았습니다. 밴드에는 재미있고 알차게 수업한 사진과

동영상이 가득합니다. '그때도 참 열심히 수업했고 아이들에게 사랑을 많이 줬구나!'를 느낍니다. 그런데 계속 살펴보니 제가 쓴 글에 감사함을 전하는 내용은 거의 찾을 수 없습니다. 학기가 끝날 때 학부모님들께 "감사합니다."를 넣어 편지를 쓴 것이 전부입니다. 오늘은 이런 활동들을 했다는 설명과 사진은 가득했지만 "고맙습니다.", "감사합니다."라는 단어는 찾을 수 없습니다.

반면 지금 우리 반 알림장에 들어가면, 오늘 알림장만 봐도 "감사합니다."가 적어도 3번 이상 나옵니다. 그런데 5년 전에는 "감사합니다."를 1년에 3번 쓸까 말까 했다니 소름이 돋습니다. 고마움이 빠진 학급 밴드를 읽다 보니 "나는 너무 잘났고, 정말 열심히 가르쳤어!"라는 제 주장이 기본 베이스로 깔린 듯합니다.

하지만 감사일기를 쓴 지 6년이 훌쩍 지난 지금은 예전에 비해 많이 겸손해졌습니다. 언어에도 지분이 있다면 제 말주머니에 고마워의 지분이 늘어난 덕분입니다. 마음속에 감사가 자리 잡고 나니 사람과 사물, 자연을 대하는 가치관 자체가 변화했습니다.

2020년은 코로나19로 인해 정말 힘든 한 해였습니다. 마스크 없이 자유롭게 숨을 쉬고, 친구들과 차를 마시고 여행을 가던 당연한 일상이 당연하지 않게 되었습니다. 당연했던 일상생활을 강제로 못하게 되니 너무 답답하고 힘들었습니다.

반대되는 상황이긴 하지만, 고마움도 마찬가지라고 생각합니다. 고마움이 가슴으로 들어오면 당연한 것이 더 이상 당연하지 않습니다. 당연히 있어야 한다고 생각했던 가족, 우리 반 아이들은 물론이고, 길 가다 만난 작은 풀꽃, 맑은 공기, 햇살 한 줌도 당연한 것이 아닌 감사한 것으로 느끼게 되었습니다. 고마움의 대상으로 여기게 되자 모든 것이 더 소중해졌고, 소중한 게 많아지니 제일 먼저 저 자신이 행복해졌습니다.

이렇게 작은 것에도 고마워하고, 학생들을 감사하게 여기자 제 삶에 많은 부분이 바뀌었습니다. 지금 생각하면 정말 신기하고 고마운 인연입니다. 감사라는 마법가루가 만든 기적입니다. 열정적이지만 2%가 부족한 교사였던 제가 놓치고 있는 것이 무엇인지를 알려준 책은 바로《한 줄의 기적, 감사일기》라는 책입니다. 이 책이 나왔을 때 감사일기에 관심이 있어서 반가운 마음으로 읽었습니다. 그 당시 저는 8살, 6살인 두 남매의 엄마였고, 육아와 일을 병행하느라 늘 바쁘고 피곤한 하루하루를 보내고 있었습니다.

그런데 책을 다 읽고 나니 이 책이야말로 제 삶의 이정표가 되어 줄 것 같은 확신이 들었습니다. 그래서 태어나서 처음으로 용기를 내어 작가님께 이메일을 보냈습니다. 그런데 바로 답장이 왔습니다. 작가님께 답장을 받은 것도 너무 신났는데, 더 신기한 것은 우리 지역에 계신 수석선생님이셨습니다. 그렇게 시작된 인연으로

코칭을 받으며 저의 감사일기가 시작되었습니다. 단순하게 생각했던 감사일기를 통해 깊이 있게 내면을 들여다보게 되었고 그 기적을 지금도 만나고 있습니다.

감사가 가진 마법 덕분에 6년이 훌쩍 지난 오늘까지 계속 감사일기로 부족한 저를 성찰하고 성장의 길로 한 걸음 더 나아가고 있습니다. 여러분도 혹시 저처럼 늘 최선을 다하는 멋진 교사 혹은 부모이지만 놓치고 있는 무엇인가가 있지 않나요?

감사에너지로
변환하다

학급을 운영하다 보면 시대에 따라 유행하는 것들을 따라가는 경우도 있습니다. 협동학습이 이슈일 때는 협동학습을, 하브루타 질문수업이 유행할 때는 질문수업을 열심히 배워 적용해 봅니다. 때로는 의욕만 앞서서 남들이 좋다고 하는 모든 것을 접목해보는 백화점식(?) 학급경영을 하기도 했습니다. 저도 평범한 선생님이기에 오랜 시간을 그렇게 했습니다. 하지만 유행하는 학습방법을 찾아 연수를 듣고 교실에 적용해보아도, 눈에 띄게 긍정적인 변화는 거의 일어나지 않았습니다.

무엇이 문제였을까요? 제가 찾은 열쇠는 바로 교사의 관점입니다. 교사가 어떤 관점으로 학생들을 바라보는지가 가장 중요합니다. 교사의 관점을 바꾸지 않는 이상 그 어떤 것을 적용해도 커다란 발전을 이루기는 어렵습니다. 그렇다면 선생님들은 학생들을 어떻게 바라보고 계신가요? 부모님도 마찬가지입니다. 부모님은 자녀를 어떻게 바라보시나요?

어느 교실에도 완벽한 아이는 없다

부끄럽지만 저는 그동안 저 자신이 학생들을 아주 올바르게 바라보고 있다고 자만해 왔습니다. 교육 서적에 나오는 것처럼 학생을 인격적이고 자율적인 존재로 존중하는 '참교사'라는 착각에 빠져 있었습니다. 하지만 인생 최대의 걸림돌이 가득했던 그 해가 되어서야 제가 가진 관점을 객관적으로 다시 파악하고 점검하게 되었습니다. 이것만 보아도 그 학생들은 저에게 걸림돌이 아니라 저를 성장하게 해준 디딤돌이자 스승이 맞습니다.

서울대 심리학과 최인철 교수님의 책 《프레임》에 이런 이야기가 나옵니다. 우리가 건물 안에서 세상을 볼 때는 건물에 나 있는 창만큼의 세상을 보는데, 마음의 창을 통해서 보는 세상도 그렇다는 것입니다. 세상을 있는 그대로 보고 있다고 생각하겠지만, 실상은 자신이 만든 프레임을 통해 왜곡된 세상을 경험한다고 합니다.

그동안 저는 '완벽한 아이'라는 프레임으로 학생들을 바라보고 있었던 것입니다. 제 말을 잘 듣고, 항상 "네!"라고 씩씩하게 대답하며 방긋방긋 웃는 아이들만 진짜 제자라고 생각했던 것입니다. 제 마음대로 되지 않는 아이를 만나면 '저 아이는 왜 저렇게 말을 안 들을까?'라며 교사인 제 문제가 아니라 '저 아이가 이상한 아이'라고 생각하며 투덜거렸습니다. 하지만 실상은 저의 프레임이 잘못되어 학생들을 있는 그대로 보지 못한 것이었습니다. 제가 보고 싶은 '완벽한 아이'라는 프레임을 통해 제 뜻대로 채색하고 왜곡시킨 모습을 바라본 것입니다.

어느 교실에도 완벽한 아이는 없습니다. 그 사실을 머리로는 인지하고 있지만 가슴으로 받아들이지 못했던 것입니다. 늘 제가 옳다고 생각한 프레임대로 보고 마음대로 판단했던 것입니다. 그러다 걸림돌 같은 아이들이 많았던 그 해가 되어서야 비로소 객관적으로 저를 바라보게 되었습니다. 경력만 길었지 참으로 많이 부족한 교사였습니다.

학생들을 바라보는 마음의 창인 프레임을 바꾸기로 결심합니다. 감사 프레임으로 아이들을 보려고 노력합니다. 그런데 감사일기를 꾸준히 써온 것과는 별개로 고마워 교실을 운영하려고 하자 계속 이런 의문이 들었습니다.

'고마워 하나만으로 변화가 가능할까?'

고작 고마워 하나로 감사에너지가 생길까?

'아니, 감사가 뭐라고…. 감사 하나로 학급경영이 된다는 게 말이 돼? 교실 붕괴 직전인데, 감사 하나로 우리 반을 다시 평화롭게 만들 수 있다고?'

제 안에서 계속 의문이 떠올랐습니다. 여러분이 보고 계신 이 책도 없었고 연수도 없었습니다. 아무것도 없는 황무지에서 지푸라기로 집을 짓는 심정이었습니다. 감사는 전혀 자극적이지도 않은 주제이고, 특별한 수업 방법도 없었습니다.

'학기가 끝날 때까지 매일 아이들과 고마운 것만 찾을 수도 없고, 다음 단계로 나아가려면 과연 무엇을 어떻게 해야 할까?'

안개 속에서 헤매는 느낌이었습니다. 그래도 수석선생님을 믿고, 무엇보다 감사로 성장하고 있는 저를 믿고 열심히 나아가는 수밖에 없었습니다.

앞에서도 얘기했지만, 저희 반에는 학습도움반 친구인 주야님이 있었습니다. 정신발달지체로 또래보다 지능이 낮고 한글과 기초 수학도 어려워하는 아이였습니다. 감사하게도 학교에 학습도움반이 있어서 국어와 수학은 학습도움반에서 공부하고, 나머지 교과는 우리 교실에서 수업을 받았습니다. 덩치는 크지만 심성이 착하고 순한 아이였습니다.

하지만 비가 오거나 가끔 기분이 안 좋아지면 수업시간에 돌고래 소리를 질렀고, 그런 날은 제 말도 들리지 않는 듯했습니다. 그날도 사회 시간에 갑자기 창문 쪽을 바라보며 고음으로 노래를 계속 흥얼거립니다. 그러자 교실에 있던 아이들이 일제히 주야님을 째려보며 큰 소리로 날카롭게 이야기합니다.

"야! 지금 수업에 방해되잖아. 소리 지르지 마!"

1명이 이렇게 말하자 연달아 다른 아이들도 주야님에게 잡아먹을 듯한 눈빛과 목소리로 말합니다.

"너 조용히 안 할래?"

"주야 또 시작이네! 못산다, 못살아!"

"주야, 너 진짜 가만히 있어라!"

주야님의 돌고래 소리가 수업에 방해되는 것은 맞지만, 저는 같은 반 친구에게 그렇게 말하는 다른 아이들 때문에 더 속상했습니다. 그런데 아이들의 말을 듣자 하니 주야님에게 이렇게 이야기하는 것이 한두 번이 아닌 듯했습니다. 친구를 무시하고 버럭버럭 소리를 지르는 것이 일상이 되어버린 것 같았습니다. 아이들은 주야님에게 왜 이렇게밖에 이야기하지 못하는 걸까요? 게다가 어쩌면 주야님은 1학년 때부터 친구들로부터 이런 이야기를 수없이 많이 들어왔을지도 모릅니다. 그런 생각을 하자 가슴 한편이 너무 시려왔습니다. 주야님의 문제도 있지만, 같은 반 친구에게 함부로 말하는 다른 아이들을 나무라고 싶은 마음이 커지고 있는 저를 발견했습니다.

"너희들 목소리가 더 시끄러워! 너희는 어떻게 친구한테 그렇게 함부로 이야기하니?"라고 말하고 싶지만, 이렇게 말하면 교사인 저 역시 주야님에게 함부로 말하는 아이들과 똑같아질 것 같습니다. '고마워 교실'의 선생님으로서, 화가 부글부글 끓어오르지만 일단 말하지 않고 참았습니다.

그리고 주야님에게 다가가 무릎을 꿇고 눈을 맞추고 말합니다.

"주야, 지금 노래 부르고 싶어? 그런데 지금은 사회 시간이니까 조금만 조용히 해줄 수 있을까?"

하지만 오늘은 제 말이 들리지 않는 날입니다. 주야님은 제 눈도 쳐다보지 않고 창밖만 계속 바라보며 고래고래 노래를 불렀습니다. 주야님과 이야기하는 동안 다른 쪽에서는 아이들끼리 또 언성을 높이며 싸우고 있었습니다.

"미정 선생님, 문제를 해결할 때는 그 문제가 발생된 에너지값으로 해결하려고 하면 안 돼요. 그것보다 더 높은 에너지값으로 전환해야 해결이 돼요."

수석선생님이 "높은 에너지값으로 해결하라."는 조언이 머릿속을 스쳤습니다. 부정적 위력의 에너지가 생길 때는 감사와 행복의 파워에너지로 전환할 것을 찾아야 합니다. 이 이야기는 2부에서 자세히 다루겠습니다.

"감사 DJ에게 사연과 신청곡을 보내주세요!"

숨을 크게 한 번 쉬고 아이들에게 이야기했습니다.

"얘들아, 주야님이 지금 노래를 많이 부르고 싶은 것 같은데, 우리 다 같이 노래 한 곡 듣고 갈까요? 오늘은 선생님이 감사 DJ가 되어볼게."

더 높은 에너지값으로 분위기를 전환해보기로 했습니다. 아이들은 잠시 웅성거리다 듣고 싶은 노래를 틀어주겠다고 하자 손을 번쩍 들고 듣고 싶은 곡을 말합니다.

"그런데 그냥 틀어주면 재미가 없으니까, 노래 제목만 말하지 말고 그 곡에 관련된 고마움이나 노래를 듣고 싶은 이유를 사연으로 적어주면 노래를 틀어줄게요."

그러자 아이들이 교실 한쪽에 비치된 이면지에 사연과 함께 노래 제목을 적어 신청했습니다.

> 감사 DJ에게 신청하는 노래 제목과 사연
> - **작은 것들을 위한 시** : 가사처럼 친구도 진심으로 대하면 좋겠다.
> - **아무 이유 없이 좋은 친구** : 노래 제목처럼 우리 반 친구들도 서로 아무 이유 없이 좋은 친구가 되면 좋겠다.
> - **꽃게 우정** : 가사처럼 우리도 꽃게 우정을 만들면 좋겠다.

아이들이 가요만 좋아하는 줄 알았는데 지금 상황에 맞는 곡을 신청하는 센스가 있었습니다. 류형선 님의 '아무 이유 없이 좋은 친구'의 제목처럼 아무 이유 없이 좋은 친구가 되면 좋겠다는 사연을 읽어주자 다들 고개를 끄덕이며 노래를 불렀습니다. 수업이 끝나고 주야님이 학습도움반에 갔을 때 저는 다른 아이들에게 진심을 전했습니다.

"얘들아, 선생님은 너희들이 참 고마워! 아까 주야님이 수업시간에 계속 소리 질러서 시끄러웠지? 수업에 방해되었을 텐데 너그럽게 이해해줘서 고마워. 그리고 너희들이 선곡한 노래에 선생님이 감동받았단다. 노래 제목처럼 우리 반은 '아무 이유 없이 좋은 친구'가 되면 좋겠어. 주야님에게 너희 같은 친구들이 있어서 정말 고마워! 우리 반은 노래 제목처럼 그런 친구들이 될 거라고 믿어. 고마워!"

이렇게 말하자 소리를 질렀던 한 여학생이 울먹였습니다. 왜 우냐고 물어보니 주야님에게 자기도 모르게 화를 내서 너무 미안하다고 합니다. 다른 아이들도 작년까지는 항상 주야님에게 자기들이 그렇게 소리를 질렀다고 합니다. 그런데 제 이야기를 듣고 나니 마음이 조금 이상하다고 합니다. 아이들이 나중에 주야님이 교실로 올라오면 미안하다고 말하고 사과하겠다고 합니다. 고마운 아이들입니다.

학습도움반 친구와 함께 생활하다 보면 가끔 이런 일이 생깁니다. 오늘처럼 짜증이 나서 친구에게 신경질을 낼 수도 있고, 가시를 세우며 서로에게 상처 주는 말을 하기도 합니다. 하지만 그 후에 아이들이 그 문제를 어떻게 해결하고, 어떻게 관계를 회복해 가느냐도 아이들이 성장해 나가는 길입니다. 다름을 있는 그대로 인정하고, 어깨동무하고 함께 길을 걸어가는 우리 반이 될 것이라고 믿습니다.

100점보다 더 소중한 것

고마워 교실을 운영하기 전에는 아이들이 활동을 다 하고 검사를 받으러 올 때 틀린 문제가 있나 없나부터 확인했습니다. 그리고 틀린 문제를 열심히 가르쳐주는 것이 제가 해줄 수 있는 최고의 피드백이라고 생각했습니다. 하지만 고마워 샤워가 습관이 되자 점수는 더 이상 중요한 것이 아니었습니다.

수학을 어려워하는 별이님이 《수학익힘》 책을 풀어왔습니다. 그런데 한 문제도 못 풀고 다 틀렸습니다. 예전이었다면 저는 1번부터 다시 설명하며 풀어주기 바빴을 것입니다. 그런데 고마워 샤워 후에는 《수학익힘》 책을 내미는 별이님에게 이렇게 먼저 말하게 되었습니다.

"별아, 수학 문제 많이 어려웠지? 그래도 풀어보려고 노력해줘서 고마워!"

제 말에 별이님의 눈이 얼마나 동그래지던지요. 《수학익힘》 책에 있는 두 바닥의 문제 중 한 문제도 못 풀고 선생님에게 검사받으러 나올 때 그 아이의 마음은 어땠을까요? 고마워 샤워 전에는 아이의 마음까지 헤아릴 여유가 없었습니다. 이 아이가 수학을 못하니까 수학 시간이 끝나기 전에 내가 다시 완벽하게 가르쳐야 한다는 생각만 했습니다.

하지만 고마워 샤워를 하고 나니 중요한 것은 그것이 아님을 깨달았습니다. 그리고 어려운 문제인데도 끙끙거리며 풀려고 노력한 그 마음이 그냥 고마웠습니다. 한 문제도 못 푼 채 가지고 나왔는데 선생님이 고맙다고 말합니다. 그러면 그 아이는 수학이 계속 싫게 느껴질까요? 100점이든 0점이든 점수에 상관없이 제가 고맙다고 말하자, 아이들은 정서적으로 안정을 되찾았습니다. 그리고 6개월쯤 지나자 수학을 어려워하던 별이님의 입에서 수학이 재미 있다는 말이 나오더니 1년이 지난 후에는 수학 성적이 상위권에 도달했습니다.

고마워 샤워가 만들어낸 기적입니다. 선생님이 먼저 작은 것에 도 고마워하는 습관을 가지면 "수리수리마하수리! 얍!" 마법 주문 처럼 어느새 우리 교실은 감사에너지로 채워집니다. 여러분도 마 법의 감사 지팡이를 하나씩 마음에 품어보시기 바랍니다.

오늘부터 "고마워!"를 100번 이상 말하는 '고마워 샤워'부터 시 작해보세요. 아이들을 바라보는 관점이 달라지고, 삶의 결이 달라 지고, 교실과 아이들이 달라지는 기적을 보게 될 것입니다. 행운 을 부르는 감사의 마법 주문은 교사인 저로부터 시작되었습니다.

집에서 함께하는
감사에너지
페어링하기

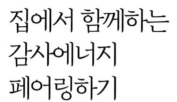

　자녀가 입학하거나 새 학년이 되었을 때 학부모님들이 가장 궁금해하는 것이 무엇일까요? 많은 분들이 담임선생님과 교우관계를 가장 궁금해합니다.

　"우리 아이의 담임선생님은 어떤 분일까?"

　대부분 다음의 4가지 중 하나입니다. 소문에 의하면 호랑이 선생님, 소문에 의하면 진짜 이상한 선생님, 소문에 의하면 그저 그런 선생님, 소문에 의하면 자상한 선생님 등입니다.

　새 학년의 시작은 소문에서 시작하고 소문으로 끝나는 경우가 많습니다. 그런데 소문과 실제는 어느 정도나 일치할까요? 어느 정도는 맞는 것 같습니다. 그리고 어떤 선생님인지를 파악한다는 것은, 부모님이 아니라 아이들의 관점에서만 이루어지는 것이 교실의 구조입니다. 아이가 선생님을 좋아하면 그 선생님은 좋은 선생님이 되고, 아이가 싫어하면 그냥 나쁜 선생님이 됩니다. 아이의 성향과 잘 맞으면 좋은 선생님이 된다는 의미이기도 합니다.

그러면 부모님들은 어떤 선생님을 만나고 싶으신가요? 앞에서 본 '고마워 교실'의 미정 선생님 같은 분은 어떠신가요? 감사함으로 포근히 안아주며 배움을 이끌어주시는 선생님을 만난다면 더없이 좋을 것입니다. 실제로 미정 선생님의 반 학부모님들은 아이들의 변화와 성장을 체감하면서 선생님께 고마움을 담은 문자를 많이 보내주십니다. 선생님으로서 최고의 보람을 느끼는 순간일 것입니다.

물론 일선의 다른 수많은 선생님도 아이들에게 사랑을 주고 나누기 위해 공부하고 채우면서 나아갑니다. 그러나 선생님의 노력에 지지와 응원을 보내주기는커녕 힘을 빼는 민원(?)도 종종 들어옵니다. 아이의 이야기만 듣고 흥분해서 전화로 항의하시거나 달려오시는 경우도 허다합니다. 사건의 앞뒤를 살펴보지도 않고 오직 '우리 아이가 피해 보았다', '선생님이 우리 아이를 무시했다', '다른 아이들이 괴롭히니 가만두지 않겠다'는 말씀도 많이 하십니다.

어떤 경우는 자녀가 문제행동을 했는데, 그런 점은 대수롭지 않게 여기고 선생님이나 다른 아이 탓만 하는 부모님도 있습니다. 물론 부모님 입장에서는 자기 자녀의 잘못된 행동은 조그맣게 보이고 타인의 부정적인 태도는 크게 보이기 마련입니다.

그러나 내 아이의 이야기라고 해서 무조건 옳은 것은 아닙니다. 또 무조건 틀린 것도 아닙니다. 부모님이 아이의 이야기를 차분히 듣고 옳고 그름을 판단할 수 있어야 합니다. 사건의 전후와 객관적인 정황을 알아봐야 합니다. 아이가 피해를 보았다고 해도 곧바로 찾아가서 따지거나 화를 내면, 아이는 그 모습을 그대로 배웁니다.

부모님이 가장 먼저 해야 할 일은 아이의 마음을 헤아려주고 공감해주는 것입니다. 아이가 거짓말을 했든, 진실을 말했든 그것은 중요하지 않습니다. 일단은 아이의 마음을 먼저 보듬어주고 챙겨주세요. 거짓말을 했다면 그만한 이유가 있었을 것입니다. 아이들을 다그치기보다 공감하고 들어주는 것이 중요합니다.

그러고 나서 사건을 하나하나 되짚어가며 자녀가 문제행동을 하지는 않았는지, 무엇을 어떻게 해결하는 것이 가장 합리적인지를 따져보는 것이 좋습니다. 물론 담임선생님과 차분하게 의논을 해서 아이의 성장에 도움이 되도록 해야 합니다. 아이의 문제행동을 덮으려고만 하면 나중에 더 큰 문제로 번지는 경우가 많습니다.

미정 선생님처럼 '고마워 교실'을 운영하시는 선생님들은 '고마워'로 자녀들의 성장을 돕기 위해 부모님들께도 계속 전파를 보내고 있습니다. 요즘 식으로 표현하자면 블루투스 기기에 '페어링'을 해두어야 언제든지 연결이 될 텐데, 어떤 부모님들은 아예 '고마워'에 페어링조차 안 하려는 경우도 있어 안타깝습니다.

부정적이고 위력적인 부모님은 본인 스스로가 사랑, 고마움, 기쁨 같은 에너지에 페어링하는 법을 몰라서 그럴 수 있습니다. 자신도 모르게 자만, 오만, 질투 같은 부정적인 에너지에 페어링이 되어 있을 수도 있고요. 그래서 선생님들이 보내는 '고마움'이라는 블루투스 기기에 연결은커녕 페어링조차 시도하지 않는지도 모릅니다.

고마워 주파수 맞추기

스마트폰과 연결된 블루투스 기기를 다들 한 번쯤은 사용해보셨을 겁니다. 이어폰이나 스피커, 집 안의 가전제품들도 요즘은 블루투스로 연결합니다. 양쪽에 전선을 꽂지 않아도 사용할 수 있죠. 이 기기들을 스마트폰과 연결하기 위해 등록해주는 과정이 '페어링'입니다. 짝을 이루게 해준다는 의미이지요. 페어링이 되어 있으면 언제든지 기기들을 쉽게 연결해 사용할 수 있습니다.

만약 우리의 인생도 스마트폰처럼 여러 모습의 삶과 페어링할 수 있다면, 여러분은 자녀들이 어떤 삶과 연결되면 좋겠습니까? 아니, 일시적인 페어링이 아니라 늘 자동연결될 수 있다면 어떤 삶과 연결되면 좋을까요?

부정적인 삶, 질투, 시기, 미움 가득한 삶과 페어링되길 원하시는 부모님은 단 한 분도 없으리라 생각합니다. 아이가 행복하게 성취하면서 기쁨을 누리고 살길 원하실 겁니다. 자녀의 행복은 곧 부모님의 행복입니다. 그런데 문제는 자녀들에게만 행복, 성취, 믿음, 절제, 기쁨 같은 파워에너지에 페어링하라고 강요한다는 것입니다. 그렇게 해서는 절대 그런 좋은 에너지가 만들어지지 않습니다.

아이들은 부모님의 영향을 많이 받기 때문에 우선 부모님부터 파워에너지에 페어링하고 연결되어 있어야 합니다. 그래야만 아이들도 자연스럽게 연결됩니다.

자기주도 학습력, 이해력, 유연한 사고, 책임감, 이성적 사고…. 이 모든 것에 페어링하고 싶으시다고요? 모든 부모님이 그렇게 생각할 것입니다. 이 모든 것을 하나씩 페어링하게 되면 블루투스를 열 때마다 어디에 연결해야 할지 고민하게 될 겁니다. 그러나 이 모든 것을 하나로 통합해 연결할 수 있다면, 당연히 그것을 선택해야겠지요. 그것이 바로 고마움, 감사입니다.

감사가 가지는 에너지값이 높고 크기 때문에 그 높은 에너지값을 사전에 연결해두면 하위의 있는 에너지값들은 저절로 열립니다(에너지값에 대한 자세한 설명은 2부를 참고해주세요). '고마워교실'을 운영하는 담임선생님을 만났다면 '고마워'에 페어링하기가 더 쉬울 겁니다. 그리고 자동연결되어 자녀의 성장을 실감할 수 있을 겁니다.

그런데 만약 부정적이고 성향이 맞지 않는 담임선생님을 만난다면 어떻게 할까요? 그럴 때일수록 담임교사와 무관하게 더 높은 에너지값으로 부모님이 감사함과 페어링하고 연결해야 합니다. 그래야 아이에게 닥치는 문제들을 더 잘 발견할 수 있고, 아이를 더 잘 자라게 도울 수 있습니다.

교실과 가정은 실제로 페어링되어 있고 수시로 연결됩니다. 학생들은 교실의 세상과 가정의 세상을 넘나들면서 자라니까요. 교실에서 배운 것을 가정으로 가져오고, 가정에서 익힌 습성이 그대로 교실로 넘어옵니다. 어린 학생일수록 감정의 표출과 언어적 표현은 부모님의 영향을 많이 받습니다. 가정에서 부모님이 사용하는 언어습관을 그대로 교실로 가져오는 경우가 많죠. 부모에 의한 무차별적 밈meme 현상이 교실에서 드러나기도 합니다.

"죽여버릴 거야."

이런 말을 스스럼없이 하는 아이들은 폭력적인 영화나 게임에

장시간 노출되었거나, 부모님의 폭력적인 행위를 자주 봐왔을 가능성이 높습니다. 그런 아이들을 만날 때면 마음이 참 아픕니다. 그래서 학교에서라도 '고마워 교실'을 통해 더 밝은 빛을 비춰주려고 애씁니다. '고마워'의 빛은 그 학생에게만 가는 것이 아닙니다. 그 아이에게 "고마워!"라고 말해주고 존재 그 자체를 인정해줄 때 주변 학생들도 함께 배우고 익힙니다.

반대로 아이들은 교실에서 체득한 것을 그대로 가정으로 가져가기도 합니다. 교사로부터 고마워 샤워를 흠뻑 받은 아이들은 그 언어의 따스함이 좋아서 자꾸자꾸 쓰려고 합니다. 부모님들도 아이로부터 고마워 샤워를 받거나 배우는 경우도 생겨나고 있습니다. 부모님이 먼저 '고마워'에 페어링한다면, 자녀만이 아니라 부모님의 삶에도 행복한 변화가 일어날 것입니다.

고마워 4종 세트로 행복에너지 연결하기

부모님들은 아이가 주도적으로 공부하고, 긍정적인 삶의 태도를 갖고, 고마움을 자주 표현하며, 자기 일에 책임감을 갖고, 언제 어디서나 친절한 언어를 사용하기를 바랍니다. 그런데 이 모든 아름다운 가치들은 이미 우리 삶에 녹아 있습니다. 이 모든 것을 가져오기 위한 '고마워 4종 세트'에 페어링하는 법을 알려드리겠습니다.

가장 먼저 해야 할 일은 '고마워 샤워'입니다. 앞에 나온 미정 선생님의 사례처럼, 고마워 샤워는 "고마워!"를 하루에 100번 말하는 것입니다. 처음에는 익숙지 않아서 어색할 것입니다. 미정 선생님은 그래도 교실에 26명의 학생이 있었으니, 그 미션을 비교적 금방 달성할 수 있었습니다. 하지만 가정에서는 어떻게 할 수 있을까요?

하루 100번 고마워 샤워

처음에 이 미션을 드리면 부모님들은 대체로 웃으십니다. "고마워!"를 하루에 100번이나 하라고요? 직장생활을 하신다면 직장에서도 "고마워요!"를 많이 쓸 수 있고 집에 와서 아이들에게도 하다 보면 미션수행이 비교적 쉽습니다.

하지만 전업주부는 어떻게 하느냐고 난감해하시는 분이 계십니다. 집에 있는 반려동물이나 반려식물에게도 고맙다라고 말해주시면 됩니다. 집안일을 하다가 그냥 세탁기에도 "고마워!", 일한 자신에게도 혼잣말로 "고맙다!"라고 하면 됩니다. 그냥 마구 "고맙다!"를 던져보세요. 행복과 기쁨에 페어링하기 위해서는 지속적으로 자주 말하는 것이 중요합니다.

부모님이 해주는 '고마워 샤워'에 아이들은 어떤 기분이 들까요? 고마워 샤워는 정말 샤워 물줄기처럼 우리의 묵은 감정들을 시원하게 씻어줍니다.

"고맙지 않은데도 고맙다고 해야 하나요?"

"이유가 없는데 그냥 고맙다고 하는 건 너무 이상하잖아요?"

'고마워 샤워'에 대해 가장 많이 물어보는 것입니다. 고마운 이유나 조건이 없는데 어떻게 고맙다고 하느냐는 것입니다. 그런데 여기서 말하는 "고맙다!"는 존재 그 자체에 대한 고마움이기 때문에 특별한 이유가 없습니다. 그냥 해보세요. 나중에는 출근길 초록 신호등에도 "고맙다!"는 말이 절로 나오게 됩니다.

가끔 "아무에게나 막 고맙다고 말하면 사람들이 저를 얕잡아 보지 않을까요?" 하고 걱정하시는 분도 있습니다. 자꾸만 이유 없이 고맙다고 하면 자신을 호구(?)로 보거나 이상한 사람으로 여길까 봐 두렵다는 말씀입니다. 그런 생각이 들 수 있습니다. 그런데 그런 고민은 절대로 하실 필요가 없습니다. 감사에너지가 가지는 힘이 너무도 강력해서 이런 문제는 저절로 해결되기 때문입니다. 이와 관련해서는 2부의 설명을 꼭 읽어주시길 바랍니다.

'고마워 샤워'를 실행할 때 꼭 알아야 하는, 아주 중요한 주의사항이 있습니다. 아래 2가지의 원리를 꼭 이해하시고 실천해주시면 됩니다.

절대로 "고마워!"의 답장을 기대하지 말 것.
그냥 "고마워!"라고 한 자신에게 만족할 것.

그리고 '고마워 샤워'를 실행하면서 부모님의 마음에 담긴 감정들을 하나씩 챙겨봐 주세요. 아이들의 반응, 배우자의 반응들도 함께 살펴보면 좋습니다. '고마워 샤워'를 하다 보면 평소 자신의 언어습관이 어떠했는지도 돌아볼 수 있습니다. 또한 이제까지 사람들과의 관계를 어떻게 맺어왔는지, 삶의 태도가 어디에 페어링되어 있는지도 알게 됩니다. 지금부터 집에서도 고마워 샤워를 시작해보세요!

고마워 미소 + 고마워 기지개

여러분은 하루에 몇 번이나, 얼마나 자주, 많이 미소 짓나요? 즐거운 광경이나 재미있는 것을 보면 우리는 자연스럽게 웃습니다. 즐거울 때 미소가 피어오르는 것은 당연하고 자연스러운 일입니다. 그러나 평소에는 무표정할 때가 많습니다. 긍정도 부정도 아닌 얼굴이지만, 무표정은 부정의 에너지에 가깝습니다. 내가 무표정하고 딱딱한 얼굴을 하고 있으면, 그걸 바라보는 상대방의 마음이 불편해집니다.

우리 몸도 '고마워'를 느낄 수 있다는 사실을 아시나요? 말로만 고마운 것이 아니라 얼굴이나 몸에서도 좋은 에너지를 만들 수 있습니다. 특히 얼굴에 미소가 가득한 분을 보면 마음이 편안해집니다. 그 미소가 바로 상대를 배려하고 자신을 배려하는 좋은 에너지를 가지고 있기 때문입니다.

두 번째 미션은 하루에 5번 이상 거울 보면서 미소 짓기입니다. 거울을 보면서 미소를 지어야 자신의 웃는 얼굴을 기억할 수 있습니다. 여러분이 미소 짓는 가장 아름다운 얼굴을 꼭 기억해두었다가 평소에도 계속 미소 띤 얼굴로 지내면 좋겠습니다.

우리 몸이 감정을 표현하는 것은, 비단 얼굴 표정만이 아닙니다. 고마워 기지개를 켜면 우리 몸을 '고마움'에 페어링할 수 있습니다. 고마워 기지개란 무엇일까요? 잘 자고 일어나서 하루를 시작하는 아침이 밝아 옵니다. 아침에 잠에서 깰 때 여러분은 어떤 생각과 말을 제일 먼저 하나요? 아이들에게 물어보니 다음과 같이 대답합니다. "지금 몇 시예요?", "일어나기 싫어요.", "엄마 밥 주세요.", "아무 말 안 하는데요?" 등등.

우리의 삶에서 아침은 어떤 의미를 가질까요? 새로운 아침을 맞이한다는 것은 '새로운 하루'라는 선물이 주어지는 것입니다. 선물 받을 때의 마음으로 기지개를 크게 켜고 "고맙습니다. 감사합니다."라고 하면 어떨까요. 아이들과 함께 아침마다 고마워 기지개를 켜다 보면 아이들의 자고 일어나는 습관도 긍정적으로 변화합니다. 이 고마워 기지개는 잠에서 깰 때, 하루 일과 도중에도, 잠

이 들기 전에도 모두 함께 우리 몸에도 '고마움'을 연결하는 페어
링입니다.

고마워 안아주기

출근할 때 혹은 등교할 때, 남편, 아내, 자녀가 서로를 안아주면
서 하루를 시작하시나요? 그렇다면 참 따스한 가정입니다. 누군가
가 나를 안아준다는 것, 손을 맞잡아 준다는 것은 굉장히 큰 위로
이고 위안입니다.

의식이든 무의식이든 우리는 감각기관을 통해 정보를 전달받습
니다. 오감을 통해 들어온 정보가 뇌로 전달되는 것이죠. 가정폭
력이 무서운 것은 시각, 촉각, 청각 등 모든 감각기관을 통해 공포
와 두려움이 전달되기 때문입니다. 그 공포와 두려움이 무의식에
저장되면 이후 삶의 태도를 지배합니다. 혹시 지난날 이러한 부정
적인 트라우마를 얻게 된 사건이 있었다면 더더욱 고마워 4종 세
트로 치유해나가야 합니다. 고마워 미소가 시각정보라면, 고마워
샤워는 청각정보입니다. 고마워 안아주기는 촉각정보가 되겠죠.
이러한 감각정보를 통해서 우리는 고마워를 무의식에 잘 자리 잡
게 해주어야 합니다.

페어링은 2개를 연결하는 과정입니다. 나 자신을 좋은 세상과

연결하는 것이기에 가능한 감각기관을 모두 활용하는 것이 좋습니다. 자, 이제 가족들이 서로에게 환하게 미소 지으면서 고마워라는 말과 함께 토닥토닥 안아주어야 하는 이유가 이해되었을 것입니다. 단 이번에도, 아무런 이유나 조건도 묻거나 따지지 말고 안아주어야 합니다.

고마워 교실 이야기 1

"그러니까 우리가 선생님 말을 안 들을 수가 없어."

– 외동초등학교 황효주 선생님

가랑비에 옷 젖듯이.

콩나물에 물 주듯이.

비슷한 듯 다른 두 문장입니다. '가랑비에 옷 젖듯이'는 조금씩 내리는 가랑비를 무시했다가 장시간 노출되면 결국 옷이 흠뻑 젖는다는 말입니다. 반대로 '콩나물에 물 주듯이'는 콩에 주는 물은 곧바로 시루 아래로 빠져나가지만, 콩은 매일 물을 접하면서 자신도 모르는 사이에 쑥쑥 자란다는 뜻입니다. 옷을 적시는 가랑비의 물과 달리 콩나물의 성장을 돕는 고마운 물입니다.

2년 전 교과전담 교사였던 저는 붕괴 직전인 학급에 긴급 담임으로 교체되어 들어가는 사건이 있었습니다. 모두가 꺼리는 그 교실에 담임으로 들어가기 위해서는 하나의 비책이 필요했습니다.

"고마워!"

양경윤 수석선생님은 저에게 학급 살리기를 위한 최고의 한 마디를 전수해 주었습니다. 그때는 정말 심각한 상황이어서 '고마워 샤워'를 하루에 100번이 아니라 200~300번도 넘게 했습니다. 어떤 날은 500번 이상 고마워 소낙비를 퍼부은 적도 있습니다. 메말라 쩍쩍 갈라져 가는 땅에 가랑비 정도로는 촉촉해질 수가 없었으니까요. 그렇게 한 달이 지난 어느 날, 한 학부모님으로부터 전화가 왔습니다.

"우리 아이가 이러는 거예요. '엄마, 우리 선생님은 우리가 아무것도 안 했는데 늘 고맙대. 맨날 고마워, 고마워, 하시는데 정말 고마워하실 만한 행동으로 보답해야 할 것 같아. 그러니까 우리가 선생님 말을 안 들을 수가 없어.' 도대체 아이들 마음을 어떻게 휘어잡으신 거예요? 도대체 비결이 뭔가요?"

'고마워 매직'의 효과를 확인한 순간입니다. 마음속에서부터 "고맙습니다!"가 나왔습니다. 저도 그 학부모님도 한마음으로 아이들의 마음에 단비를 촉촉이 내려보자고 의기투합했습니다.

'가랑비에 옷 젖듯이' 고마워에 스며들었으니 이제는 '콩나물에 물 주듯이' 매일매일 꾸준히 성장을 부르는 마법의 말을 놓을 수가 없습니다.

"고마워!"

올해는 2학년 담임을 맡게 되었습니다. 그런데 이 아이들은 2020년 코로나19 때문에 입학식조차 제대로 못 했고, 학교생활도 제대로 경험해보지 못한 '1학년 같은 2학년'이었습니다. 저는 새 학기가 시작하는 3월부터 이 아이들에게 고마워 샤워를 준비하고 매일매일 가동했습니다. 이번에는 양경윤 수석선생님께서 한 학기 동안 진행해주시는 '교실 감사함 수업' 덕분에 단계별로 차근히 실행하고 있습니다. 그 덕분인지 눈에 띄게 행동이 바른 우리 반 친구들을 봅니다. 가끔 화장실에 다녀오면서 복도에서 장난도 치지만, 아이들은 고마워 샤워에 보답이라도 하려는 듯 밝게 미소 짓는 어여쁜 꽃송이들로 피어나고 있습니다.

"교사가 가져야 할 단 한 마디 언어는 무엇일까요?" 하고 누가 묻는다면 저는 단연코 "고마워!"라고 대답할 것입니다. 고마워 교실의 매직을 생생하게 경험했으니 교사가 가져야 할 단 한 마디 언어로 '고마워'를 꼽는 데 전혀 주저함이 없습니다. 상대방을 그 존재 자체로서 인정해주는 그 말은 학생만 살리는 것이 아닙니다. 교사도 함께 살리고 성장하게 해줍니다. '고마워 샤워기'가 가동되면 콩나물 시루에서 물이 빠져나가는 듯해도 콩나물은 고마워라는 물을 마시며 매일 쑥쑥 자랍니다.

"선생님, 우리를 예뻐해 주셔서 고맙습니다.", "선생님, 고맙다고 말해 주어서 고맙습니다", "선생님, 우리를 잘 가르쳐 주어서 고맙습니다."라 며 이제는 2학년 아이들이 수시로 제 옆에 와서 말합니다. 그러면 저의 답은 언제나 "나도 고마워!"입니다.

이 모든 것이 '교실 감사함 수업' 연수 덕분이고 함께하는 많은 선생님 들 덕분입니다. 그래서 우리는 또 힘을 내어 앞으로 나아갑니다.

사랑합니다. 고맙습니다. 감사합니다.

Part 2

교실이라는
세계

비대면 교육이
시작된 교실

　여러분의 어린 시절 교실은 어떠했나요? 어른들은 교실을 떠올리 때 주로 자신의 어린 시절 경험에 비추어 이야기합니다. 그러나 세상이 너무 빠른 속도로, 너무 많이 변했습니다. 10년만 지나도 강산이 변하는데, 20여 년 전 교실을 떠올리면 안 됩니다. 게다가 코로나19는 모든 것을 바꿔놓았지만, 특히 교실 현장의 모습은 정말 드라마틱하게 달라졌습니다.

　코로나19로 각급 학교는 갑작스럽게 비대면 교육을 시작했습니다. 아이들은 강제로 공부하는 방식을 바꿔야 했죠. 처음에는 준비가 덜된 탓에 낯설고 힘들었지만, 그것도 하다 보니 나름대로 익숙해졌습니다. 장점과 단점을 두루 살펴볼 겨를도 없이 비대면 교육은 교실의 세계로 완전히 들어와 버린 것입니다.

그런데 집에서 학습 콘텐츠를 열어보니, 어머나! 우리 선생님은 온데간데없고 화면에는 다른 선생님이 나와서 공부를 가르쳐줍니다. 온라인 수업을 할 때는 전혀 모르는 선생님이 가르치고, 학생들은 그 콘텐츠를 통해 교과 내용을 배웁니다. 실시간 화상수업을 할 때는 우리 반 친구들뿐만 아니라 다른 학교 친구들과 함께 수업을 듣는 경험도 해봅니다. 그러면서 지금까지 물리적으로 한정적이었던 '교실이라는 세계'에 대한 생각들이 변화하기 시작했습니다.

새로운 교실, 금세 적응한 아이들

이미 아이들은 이 세계에 적응하기 시작했습니다. 스마트폰 하나로 모든 것을 배우고 즐기는 세대입니다. 물리적으로 한정적이었던 교실이라는 공간이 확장되었고, 아이들이 그 확장된 세상으로 나아가는 것이 당연해졌습니다. 지루하고 힘든 천편일률적인 공부 말고, 각자에게 꼭 맞는 재미있는 배움을 찾아 떠나고 있습니다. 거기다 지식을 익히기보다 검색으로 배우고 또 습득하려는 특징을 갖게 되었습니다. 높아진 검색 실력만큼 사색의 깊이는 높아지지 않았다는 아쉬움은 있지만 말입니다.

이제 우리 앞에 한정된 교실과 확장된 교실이 함께 펼쳐집니다. 등교수업과 원격수업을 넘나들게 되었으니 지금까지 해왔던 방식에서도 벗어나야 합니다. 두 세상을 오가는 즐거움도 커졌지만, 반대로 힘겨움과 불안감도 늘었습니다.

선생님 입장에서는 어떤 점이 어려워졌을까요? 교실이라는 한정된 물리적 공간에서 일어나는 학생들의 문제들은, 그나마 해결하기가 쉬웠습니다. 과거의 경험도 있고, 좋은 솔루션도 갖추고 있으니까요. 하지만 온라인에서 벌어지는 문제들은 너무나 다양하고, 대체로 소리 소문 없이 진행되기 때문에 교사가 해결하는데 어려움이 따릅니다.

교사와 학생이 존재해야 열리는 세계

교실이라는 공간은, 교사와 학생이 존재해야 열리는 세계입니다. 교사가 없다면 혹은 학생이 1명도 없다면 열리지 못합니다. 교실의 구성원인 교사와 학생이라는 존재, 그리고 교육 프로그램에 따라 전혀 다른 세계가 될 수 있는 곳이 교실입니다.

그렇다면 그곳에서 교사는 어떤 존재일까요? 교실이라는 공간을 지식으로 채우며 교실 바깥의 다른 세상 이야기를 전해주는 사람입니다. 아이들의 배움과 성장을 위해 최선을 다하지만, 때로는 업무에 지쳐 학생들에게 보내야 할 사랑을 놓칠 때도 있습니다. 교사도 사람인지라 감정적인 언사가 입 밖으로 튀어 나가기도 하고, 때로는 아이들의 입장을 헤아리지 못한 채 교사의 시선에서 나무라기도 합니다. 반대로 잘못된 칭찬을 할 때도 있지요. 교사도 선생님이라는 직업인 이전에 사람이기 때문입니다.

물론 세상 사람들도 교사가 직업인으로서의 교사 이전에 사람이라는 것을 잘 알고 있습니다. 그럼에도 불구하고 문제가 생기면 '스승'이라는 이름으로 헌신과 희생을 당연하게 요구할 때가 많습니다. 교사 자신도 노동 자체를 힘겨워하거나, 교사라는 직업인과 스승이라는 사명감 사이에서 정체성의 혼란을 겪곤 합니다. 하지만 대부분의 선생님은 좋은 교사로 살아가기 위해 여전히 배우고, 학생을 사랑하고자 노력합니다.

학생들은 어떤 존재일까요? 학생 역시 학생이라는 신분 이전에 사람입니다. 아직 틀이 다 만들어지지 않았기 때문에 성인들보다 훨씬 더 다양한 상태로 존재하는 사람입니다. 학생들은 각자 가정에서 배우는 것도 다릅니다. 가정에서 배운 것, 사회에서 배운 것을 교실로 가져옵니다. 배우는 속도도 저마다 다르고, 친구를 사귀는 방식도 다릅니다.

배운 것을 표현하는 방식도 천차만별입니다. 어떤 아이는 과장이 심해서 1시간 공부하고도 100시간 공부한 것처럼 자랑하지만, 어떤 아이는 10시간 공부했어도 그 결과가 기대에 미치지 못할까 봐 아무 노력도 안 한 척합니다. 또한 각자의 감정도 어쩌나 다양한지 한 교실에 20명의 아이가 있다면 20가지 감정이 교실이라는 한 공간에 동시에 쏟아집니다. 다 함께 까르르 웃고 행복해하는 것처럼 보여도, 마음의 상태는 제각각 다릅니다.

또한 교실에서 보이는 단면으로 한 아이를 단정 지을 수 없습니다. 아이들은 교실 안의 모습과 교실 밖의 모습이 다를 때가 많습니다. 오랜 시간 동안 함께한 부모조차 그것을 잘 모르는 경우가 허다한데, 교사가 그 아이의 본모습을 명확히 알기는 어렵습니다. '될성부른 나무는 떡잎부터 알아본다'는 속담도 있지만, 교실생활의 한 면만을 보고 그 아이의 미래를 함부로 말할 수는 없습니다.

공감의 교실, 회복탄력성의 교실

학생은 왜 학교에 갈까요? 학교는 지식과 관계를 배우는 곳입니다. 전통적인 개념에서 학교는 지식을 가르치는 곳이었습니다. 학교에 가야만 지식을 전달해줄 교사가 있었기 때문입니다. 학교에 가면 사람과 사람이 만납니다. 만나서 대화하고 함께 생활하면서 유대감과 소속감을 느낍니다. 그러다 갈등도 생기고, 서로 다름을 알게 됩니다. 서로의 다름을 해결해가는 과정에서 자연스럽게 감정을 조절하는 법도 익히고 공감능력도 키웁니다.

그런데 비대면 시대가 되면서 접촉이 줄어드니 상대방의 감정을 읽는 능력도 줄어드는 듯합니다. 마스크를 쓴 채 대화하면 입모양도 보이지 않고, 상대방의 표정을 읽어내기도 어렵습니다. 언어뿐 아니라 다양한 소통법까지도 잊혀지는 게 아닐까요? 그러다 보니 최근 들어 부쩍 아이들의 대인관계 역량이 낮아지는 것 같습니다.

또한 등교수업과 원격수업을 번갈아 하다 보니 거기서 불안을 느끼는 아이들도 많아졌습니다. 학교에 오면 방역에 대한 불안으로 친구들과 맘껏 뛰어놀 수도, 수다를 떨 수도 없습니다. 원격수업을 하는 날은 집 안에만 있으니 답답합니다. 자신의 일상은 온통 불안하기만 한데, 온라인 세상에서는 다양한 정보가 쏟아집니다. SNS에는 남들의 행복한 일상, 자랑거리들이 넘쳐나고, 그걸 보고 있자니 상대적 박탈감이 풍선처럼 부풀어 감정을 조절하기가 점점 더 힘들어집니다.

새로운 시대를 살아나가기 위해 교실 세계에서는 타인을 이해하고, 공감할 수 있는 교육 프로그램이 더 많이 필요해졌습니다. 자신의 감정을 잘 조절하고 부정적인 상황도 이겨낼 수 있는 힘을 길러주는 교실이 되어야 합니다.

누구나 노바디가 아닌
섬바디입니다

급변하는 시대의 교실, 그곳에 존재하는 교사와 학생이 가장 기초적이고 기본적으로 갖춰야 할 것은 무엇일까요?

이 고민에 대한 해답으로 인류학자 김현경 박사님의 책《사람, 장소, 환대》를 소개하고 싶습니다. 사람으로서 존재하는 것, 사람이 사람으로 살아가기 위해서는 타인의 환대가 필요하다고 합니다. 단지 우리나라에 관광 온 외국인을 환대하거나, 일시적으로 방문 온 손님에게 하는 환대가 아니라 그 공간의 구성원으로서 권리를 가진 사람에게 전하는 환대입니다.

조선 시대에 백정은 사람임에도 사람이 아니었습니다. 1800년대 미국 남부의 흑인들도 마찬가지였죠. 이들은 지정된 곳 이외에는 함부로 다닐 수가 없었습니다. 사람으로서 환대를 받지 못했다는 것입니다. 가고 싶어도 못 가는 곳이 있다는 것은 한 사람의 시민으로서 시민 대접을 받지 못했다는 의미이기도 합니다.

새롭게 열린 사이버공간도 마찬가지입니다. 모두가 구성원으로서 들어가고, 거기에서 서로 자유롭게 생각을 전달하고 소통할 수 있어야 합니다. 누군가는 할 수 있고 누군가는 할 수 없다면, 그것은 장소와 사람은 있으나 환대가 부족한 상황입니다. 그런 곳은 사람이 사람으로 살아갈 수 없는 공간입니다. 물리적인 교실 역시 교사와 학생이 있고, 그 사이에 진실한 환대가 존재할 때만 살아 움직입니다.

노바디, 아무것도 아닌 사람

'학교 폭력'이라는 측면에서 교실이라는 세계를 바라보면 어떨까요? 교실은 마치 어른들의 부조리함을 고스란히 옮겨놓은 사회의 축소판처럼 보입니다. 아차 하는 순간, 수업에서는 존중을 이야기하면서 실제로는 경멸을 묵인하고 그것을 가르치는 꼴이 되어버립니다. 힘센 어른은 힘없는 아이들을 막 대하고, 가난한 아이들을 경멸하고, 공부 못하는 아이들을 모욕하는 그런 세상 말입니다. 당연히 교실에서 그런 모습을 보여주어서는 안 됩니다. 모두가 아는 사실이지만, 부지불식간에 드러나기도 합니다.

사람과 사람 사이, 인간관계에서 경멸이나 모욕이 오가면, 그 순간 상대방은 노바디^{nobody}, 즉 아무것도 아닌 사람이 되어버립니다. 암묵적으로 누군가를 '아무것도 아닌 사람'으로 만들면서 스스로를 VVIP로 만듭니다. 아이들의 세상에서도 비슷한 일이 벌어집니다.

그러나 우리는 모두 사람, 인격체로서의 사람인 섬바디^{somebody}여야 합니다. 이렇듯 교실에서 VVIP, 즉 매우 매우 중요한 사람을 만들어내면 안 되는 이유는, 그 아래에 아무것도 아닌 존재, 즉 노바디가 자동적으로 만들어지기 때문입니다. VVIP가 생기면 그들은 노바디에 대한 경멸과 무시를 너무도 당연하게 여깁니다.

'아무것도 아닌 사람'이 되길 원하는 사람은 없습니다. 그런데 왜 교실에 노바디가 생길까요? 이는 누군가를 경멸하기 위해서라기보다 자신이 노바디가 되지 않기 위해서 행동하기 때문입니다. 타인에게 무례하게 굴고 자신이 마치 신권이라도 가진 것처럼 행동하면, 자신은 노바디가 되지 않을 수 있습니다. 아이나 성인이나 할 것 없이 타인을 괴롭히는 것은 누군가와의 실제적인 갈등 문제라기보다 타인에 대한 경멸의 문제인 경우가 많습니다. 그리고 그 속에는 자신을 지키려는 본능이 단단하게 숨어 있습니다.

이러한 것이 지속적으로 용인되고 반복되면 어떻게 될까요? 타인을 경멸하고 모욕하는 것을 대수롭지 않게 여기게 됩니다. 또한 경멸감, 굴욕감, 모욕감 같은 부정적 감정은 결국 다른 이들의 삶의 에너지까지 갉아먹고 부정성을 전이시킵니다.

결국 자신도 모르게 만들어지는 부정성, 자신이 살아남기 위해서 타인을 경멸하고 모욕하는 것은 자세히 들여다보면 사람으로 인정받고자 하는 몸부림일 수 있습니다. 사람은 누구나 사람 대접을 받으며 자신의 존재를 확인하고 싶어 합니다. '아무것도 아닌 사람'이 아니라 소중한 인격체로서, 구성원으로서 섬바디임을 자신도 모르게 확인하면서 살아가고 있는 것입니다.

교실이라는 새로운 여행지

소설가 김영하 작가님은 《여행의 이유》에서 인생이라는 여행은 지구라는 별에 먼저 도착한 이들의 어마어마한 환대에서만 시작될 수 있다고 합니다. 갓 태어난 신생아에게 말할 때까지 기다려주고, 아무 대가 없이 먹여주고 입혀줍니다. 그렇게 아기가 성장하도록 도와주면 그 아기는 어른이 되어서 또다시 지구에 도착한 다른 여행자를 환대함으로써 갚아줍니다. 환대를 주면 또 다른 누군가에게 환대를 되돌려준다. 참으로 멋진 말 아닌가요?

아이들에게 교실은 새로운 여행지입니다. 학생들은 낯선 곳에

도착합니다. 스스로 원했건, 원하지 않았건 일단 그곳의 구성원으로서 살아가야 합니다. 그리고 그곳에서 섬바디가 되길 원합니다. 노바디가 되길 원하는 사람은 아무도 없습니다. 자신을 환대해줄 누군가를 찾습니다. 교실에 여행 온 아이들을 환대할 사람이 누굴까요? 바로 교사와 친구들입니다. 그중에서도 가장 먼저 환대를 시작해주어야 할 사람은 안내자인 교사입니다.

낯선 여행지에 도착한 여행자는 길 안내자가 어떠한 사람이든지 간에 신뢰할 수밖에 없습니다. 그런데 이 낯선 이를 신뢰하려면 대단한 용기가 필요한 법입니다. 해마다 학생들은 교사에게 '신뢰'라는 이름의 대단한 용기를 발휘해주고 있습니다. 이것은 정말 고마워해야 할 일입니다. 자신의 선택과는 상관없이 뚝 떨어진 낯선 곳에 왔고, 그곳에서 만난 낯선 누군가에게 보내는 무한한 신뢰니까요. 그러한 용기를 내는 것이 얼마나 어려운 일인지 선생님들도 아실 겁니다.

그런데 문제는 학생들의 용기를 담은 신뢰가 교사의 눈에 잘 보이지 않는다는 것입니다. 학생들은 저마다 삶의 태도가 다르고 배움의 깊이가 달라서 그것을 표현하는 것도 다릅니다. 심지어 어떻게 표현해야 할지 모르는 경우도 많습니다. 그래서 교사 역시 인식하기가 어렵습니다. 하지만 교사의 눈에 보이지 않는다고 해서 학생들이 용기를 내지 않은 것은 결코 아닙니다.

특히 어린 학생 입장에서는 교사가 VVIP, 매우 매우 중요한 사람일 가능성이 높습니다. 어쩔 수 없는 교실의 구조 때문이지요. 그러나 고학년이 되어 갈수록 교실의 VIP는 교사에서 학생으로 변화합니다. 다시 말하지만, 교실에서는 누구도 노바디를 만들어서는 안 됩니다. 누구도 노바디가 되길 원치 않고요.

교실수업은 정체성을 확인하는 시간

선생님은 교사로서 자신의 존재를 어떻게 확인할까요? 학교라는 장소가 주어지고, 그곳으로 출근을 할 수 있기 때문에 존재감을 느낄 것입니다. 뿐만 아니라 학생들이 먼저 인사를 해주고, 동료 교사들이 말을 건네주는 덕분에 교사로서의 존재 가치를 스스로 가지게 됩니다.

그렇다면 학생들은 자신의 존재를 어떻게 인식할까요?

'정체성'이라는 것은 스스로 확인하고 발전시켜 나가기가 어렵습니다. 세상에 나 혼자만 존재하는 것이 아니라 사회라는 거대한 구조 안에서 다 같이 살아가고 있기 때문입니다. 어떤 사회에 속하든지 개인은 존재로서 인정받고 정체성이 확인되어야 안정감을 가질 수 있습니다. 즉, 내가 아닌 남을 통해서 정체성을 확인한다는 말입니다. 이것은 교사나 학생이나 똑같습니다.

그런데 교사가 교실에서 가장 중요한 사람, 즉 VVIP가 되면 아이들은 계속 교사에게만 자신의 정체성을 확인하려고 합니다. 가장 중요한 사람에게 인정받고 싶고, 환대를 받고 싶은 것입니다. 그러다 보면 교사에게 의존하게 되고, 심해지면 자존감이 낮아져 그 의존에서 벗어나지 못하게 됩니다. 이것은 모두 노바디가 되지 않으려는 본능적인 노력입니다. 이렇게 되면 자신의 존재 자체에 대한 소중함을 놓칩니다. 자신조차 자신을 아무것도 아닌 사람이라고 생각하는, 노바디 중의 노바디가 되는 결과를 낳을 수도 있죠.

그래서 교실수업은 단순히 지식을 확장시켜주는 것을 넘어서 학생들 1명 1명에게 사회구성원으로서 노바디가 아님을 느끼게 해주는 것이 중요합니다. 학생들 간의 상호작용을 통한 학습은 타인과의 올바른 관계 맺기를 연습하고, 모두가 섬바디가 될 수 있는 구조로 이루어져야 합니다. 섬바디가 되는 순간부터 학생들은 공감능력이 좋아지고, 가지고 있던 지적욕구를 바르게 이용할 수 있습니다.

고마워 교실의
파워에너지

교실이라는 새로운 세계에서 존재로서 인정받고 다 함께 섬바디로 살아갈 수 있게 해주는 곳. 고마워 교실은 교사에게, 또 학생들에게 어떤 힘을 줄 수 있을까요? 고마워 교실은 선생님들이 문제가 발생할까 봐 두려워 시작할 수도 있고, 행복감이 충만한 좀더 좋은 학급을 만들기 위해 시작할 수도 있습니다. 어떠한 내적동기로 시작을 했든지 간에 고마워 교실은 '이겨놓고 시작하는 게임'입니다. 시작하기도 전에 무조건 이긴다고요? 그건 '감사'가 가지는 속성, 에너지값이 높기 때문입니다. 제대로 된 '감사함'을 발휘했을 때 나타나는 힘이 무엇이기에 '이겨놓고 시작한다'고 확신하는 것일까요? 고마워 교실을 통해서 얻을 수 있는 힘은 어떤 것이 있을까요?

'감사함'에는 공경, 예의, 믿음, 겸손, 용기, 자기발견, 수용, 기쁨, 자긍심, 친절, 열정, 사랑, 책임, 자발성, 용서와 같은 미덕이 포함되어 있습니다. 또한 상황을 제대로 보는 힘을 키우고, 맹목적인 희생과 복종이 아니라 스스로가 우뚝 서게 도와줍니다. 용기를 내게 해주고, 사람을 사랑하게 해줍니다. 주위 사람들과 나누고 싶어집니다. 주위 사람들에게 빛이 되어줍니다. 이렇듯 함께 선한 영향력을 주고받도록 도와주는 것이 진정한 감사의 힘입니다.

감사의 힘은 한마디로 설명하기가 어렵습니다. 감사라는 기쁨의 에너지가 채워지면서 얻는 총체적인 긍정적 에너지의 합이 아닐까 합니다. 감사함은 에너지입니다. 그 에너지를 차곡차곡 쌓아온 지금의 저는 10년 전의 저와 엄청나게 달라졌습니다. 바로 어제와 비교해보면 크게 변화한 게 없다고 생각하겠지만, 긴 시간을 돌아보면 크게 변화하였습니다. 하루하루를 감사에너지로 채워보세요. 순간의 기쁨도 느끼겠지만, 세월이 지난 뒤에 자신은 물론이고 주변 사람들까지 변화했음을 알게 됩니다.

이겨놓고 시작하는 게임

여러분은 어떤 게임을 하고 싶으신가요? 사실 어떤 게임은 저도 좋고, 이겨도 좋고, 지는 게 훨씬 좋은 게임도 있습니다. 여기서 묻는 건 그런 종류의 게임이 아닙니다. 삶이라는 게임, 삶을 어떻게 살고 싶은지를 말하는 것입니다. 감사함을 생활화하면서 살아가는 사람들에게 나타나는 공통적인 특성 혹은 변화는 '지는 게임에서 벗어난다'는 것입니다. 삶에서 '지는 게임에서 벗어난다'는 게 무슨 의미일까요?

진다는 것은 내가 가지고 있는 힘, 즉 에너지가 타인보다 적다는 뜻입니다. 주먹으로 싸우는 경우에는 주먹의 힘이 센 쪽이 이깁니다. 그런데 우리의 삶은 이렇게 단순하게 돌아가지 않습니다. 모든 것이 총체적으로 어우러져서 만들어집니다. 오늘, 지금 이 순간의 일에 대한 결과 혹은 대처가 그 에너지를 만들어냅니다.

사회적 지위도 힘입니다. 돈도 힘입니다. '사회'라는 곳에서는 어떤 형태로든 구조적으로 힘의 논리가 적용됩니다. 그런데 그러한 구조에서 벗어난 힘, 에너지가 있다면 어떨까요? 우리는 착각할 때가 많습니다. '위력^{force}'으로 표출된 것에 두려워하고, 힘의 논리에 지배되기도 합니다. 하지만 '이기기 위한 게임'을 위해서 진정한 '힘^{power}'은 내부에서 작용합니다.

이솝우화 '해님과 바람'을 들어보았을 것입니다. 바람이 아무리 거칠고 세게 불어도, 결국 나그네의 옷을 벗기지 못합니다. 하지만 따사로운 햇살은 나그네 스스로 두꺼운 외투를 벗게 만듭니다. 이 이야기는 바람의 위력이 아닌 해님의 따스한 힘이야말로 사람을 변화시키는 에너지라는 것을 보여줍니다.

물론 요즘 같은 세상에 '해님과 바람' 같은 일이 일어나겠느냐고 반문할 수도 있습니다. 바람은 자신의 위력, 강함으로 자신이 이길 것을 확신했을 겁니다. 그러나 그 순간의 강함은 결국 졌습니다. 해님은 바람이 하는 것을 보고 빙그레 웃었습니다. 자신이 이기리라는 것을 이미 알고 있다는 듯이 말이죠. 해님의 따스한 에너지는 '이겨놓고 시작하는 게임'을 만들었습니다. 감사에너지가 그렇습니다. 고마워 교실도 마찬가지로 바람의 위력이 아니라 해님의 에너지를 가득 채워줍니다.

위력과 참된 힘

감사에너지에 대한 이해를 조금 더 돕기 위해서 세계적인 영적 스승 데이비드 호킨스 박사님의 책 《의식혁명》에 나오는 위력과 참된 힘에 대해 이야기해보겠습니다. 위력, 영어로 포스force는 주로 물리적으로 나타내는 힘을 의미합니다. 물리력, 폭력을 의미하기도 합니다. 보통 무기를 이용하여 남을 보호하도록 훈련된 무장 병력이나 군대와 관련된 표현에 자주 사용하죠.

반면 참된 힘인 파워power는 좀 더 광범위한 의미로 사람이나 사물을 통제할 수 있는 힘, 권력을 의미합니다. 특정한 능력, 신체적·정신적 능력이나 권한, 영향력 그리고 동력, 에너지, 전기 등의 의미로 사용됩니다.

위력을 사용할 때 사람들은 목적으로 수단을 정당화하고 편의를 위해서 자유를 팔아넘기기도 합니다. 위력은 빠르고 쉬운 해결책을 제공해줍니다. 하지만 힘은 다릅니다. 파워를 사용할 때는 수단과 목적이 같고, 목적을 이루기 위한 성숙함과 규율, 인내를 발휘합니다. 힘은 끌어당기지만 위력은 물리칩니다. 힘은 우리의 높은 본성에 호소하고 위력은 낮은 본성에 호소합니다. 또한 위력에는 한계가 있지만 힘에는 한계가 없다고 합니다.

"○○이는 포스가 있어."

이런 말은 사전적인 의미로도 결코 좋은 말이 아닙니다. 부정적인 에너지값이 아주 크다는 뜻이기 때문입니다. 아이들에게 함부로 사용해서는 안 되는 말입니다. 물리적인 힘, 폭력적인 힘이 크다는 의미이니까요. 교실에 '포스 있는' 학생들이 많다고 생각하면 암담해집니다. 머리가 저절로 절레절레 흔들리고요. 포스 있는 학생이 많은 교실에서 어떤 일이 생길지는 생각조차 하고 싶지 않습니다. 다음 표현처럼 바꾸어 말해보면 좋겠습니다.

"○○이는 에너지값이 좋아. 파워에너지를 가지고 있어."

데이비드 호킨스 박사는 책에서 힘과 위력의 단계를 나타낸 '의식지도'를 제시합니다. 박사는 근육테스트를 통해 인간의 의식수준을 1부터 1,000까지 척도로 수치화했습니다. 이 숫자를 '의식의 밝기'라고도 합니다. 이 의식지도에서는 200을 기점으로 긍정성과 부정성이 나뉩니다. 200 이하의 낮은 수준에 이르는 개인이나 집단은 사회로부터 에너지를 빨아들이기만 한다고 합니다. 그러한 삶을 사는 사람들은 자신을 피해자로 보는 경향이 높고, 자신의 문제나 행불행이 내부가 아니라 외부에 있다는 신념을 가지고 있습니다.

예를 들어, 의식의 밝기가 175에 해당하는 것이 '자부심'입니다. 자부심은 긍정에너지가 아니라는 것을 의미합니다. 놀라셨나요? 자부심과 자존감은 결이 다릅니다. 자존감은 외적인 인정이나 칭찬에 의한 것이 아니라 자기 내부의 성숙한 사고와 가치판단에 의해 얻어지기 때문에 학생들의 성장에 중요한 요소입니다.

하지만 자부심은 외적인 칭찬으로부터 생깁니다. 칭찬받지 못하거나 칭찬이 사라지면 분노, 욕망, 두려움이라는 감정이 작동합니다. 자신은 잘했다고 생각했는데 칭찬받지 못했다면, 존재를 부정당한 듯한 감정을 느끼고 분노할 수 있습니다. 이처럼 자부심, 자만심으로 가득 찬 아이, 분노, 욕망, 두려움, 슬픔, 무기력에 빠진 아이들로 교실이 가득 차 있다면 어떨까요?

간혹 부정적인 에너지값이 큰 아이가 있을 때 교실 붕괴 현상이 일어나기 쉽습니다. 어수선한 분위기 속에서 위력적인 몇몇 학생들 때문에 평범한 다른 학생들이 피해를 보는 것이죠. 그런 경우 교사의 에너지 소모가 엄청나게 커집니다.

그렇다면 어떻게 해야 아이들의 자존감을 세우고 에너지값을 올릴 수 있을까요?

의식의 밝기가 200인 '용기'라는 긍정의 감정을 가지는 것에서 부터 시작해야 합니다. 아이들이 용기를 가지면 교실의 에너지는 밝고 긍정적으로 바뀝니다. 이 시점부터는 아이들이 수업에 활발하게 참여하고, 교사의 에너지 소모가 줄어듭니다. 엉뚱한 데 낭비되는 에너지가 없으니 수업을 더욱 즐겁고 활기차게 진행해나갈 수 있죠. 고마워 교실은 '고마워'라는 말을 통해 아이들이 200 이상의 밝은 에너지 속에서 생활할 수 있도록 도움을 주는 프로그램입니다.

감사의 파워에너지

데이비드 호킨스 박사가 제시한 '의식의 밝기' 측정치는 산술급수가 아닌 10의 제곱으로 커지는 급수입니다. 200이 100의 2배를 의미하는 것이 아닙니다. 10^{100}과 10^{200}의 차이로 보시면 됩니다.

	의식의 밝기	의식수준	감정	행동
긍정 에너지 POWER	700~1000	깨달음	언어 이전	순수의식
	600	평화	하나 됨	인류 공헌
	540	기쁨	감사	축복
	500	사랑	존경	공존
	400	이성	이해	통찰력
	350	수용	책임감	용서
	310	자발성	낙관	친절
	250	중립	신뢰	유연함
의식의 전환점	200	용기	긍정	힘을 주는
부정 에너지 FORCE	175	자부심	경멸	과장
	150	분노	미움	공격
	125	욕망	갈망	집착
	100	두려움	근심	회피
	75	슬픔	후회	낙담
	50	무감정	절망	포기
	30	죄의식	비난	학대
	20	수치심	굴욕	잔인함

두 값의 차이가 어마어마하게 크죠. 이처럼 의식의 수준이 높아질 때마다 힘 또한 엄청나게 증가합니다.

우리는 긍정적인 에너지를 가진 사람들을 좋아합니다. '긍정'이라는 감정은 의식의 밝기가 200인 '용기'로 자신에게는 물론 타인에게도 힘을 줍니다. 그러면 500인 '사랑'은 부정성을 공격하기보다 그것을 재맥락화함으로써 녹여낸다고 합니다. 참된 행복의 수준이라는 것입니다. 호킨스 박사의 실험에서 '기쁨'이라는 의식은 540으로 '감사'라는 감정을 느끼게 해줍니다. 이것은 갑작스럽게 만족한 상태로 전환할 때 느껴지는 기쁨이 아니라 내면의 지속적인 기쁨입니다. 치유의 수준으로 이 상태의 특징은 '연민'이라고 합니다.

또한 '감사'와 '긍정' 사이에는 엄청나게 큰 차이가 있습니다. 10^{200}과 10^{540}의 차이만큼이나 크죠. 감사함은 긍정을 발휘하는 용기가 자연스럽게 나오도록 도와줍니다. 용기, 중립, 자발성, 수용, 이성, 사랑, 기쁨으로 이어지는 의식은 우리를 더욱더 밝게 만들어주고 성장하도록 도와줍니다. 여러분의 교실에, 여러분 자녀의 교실에 어떤 에너지가 가득하길 원하나요? 감사의 파워에너지를 쏟아부어 보면 어떨까요?

고마워 교실의 첫 시작은 교사의 '고마워 샤워'입니다. 앞에서 미정 선생님의 사례로 자세히 알아본 '고마워 샤워'를 진행하다 보면 선생님도 이따금 지칠 때가 있습니다. 아니, 이 좋은 고마움의 언어를 사용하는데 에너지가 채워지지 않고 피로가 가중된다 니 말이 안 된다고요? 이것은 마치 동굴 속에 오래 있다가 밖으로 나왔을 때 갑작스러운 밝은 빛에 적응하기 힘든 상황과 같습니다. 아이들도 마찬가지입니다. 처음에는 그 밝은 빛을 싫어하는 아이 들도 많습니다. 밝은 곳에 나오면 자신의 결점이나 더러움이 훤히 보이기 때문입니다. 그래서 '고마워 샤워'를 통해 빠르게 씻어주 어야 합니다.

'고마워 샤워'로 시작하는 교사의 언어

"어서오세요. 환영합니다!"

낯선 장소를 들어설 때 누군가가 환하게 웃으면 인사를 해준다면 그 문턱을 넘어서는 발걸음이 가볍게 느껴질 것입니다. 교실도 마찬가지입니다. 누군가로부터 진심 어린 환영과 반가움의 인사를 받는다면, 그 사람은 금세 그곳에 적응하고, 또 다른 주인이 되어 새로운 이들을 반갑게 맞이할 것입니다.

"얘들아, 안녕! 우리 반이어서 고마워!"

학생들이 VIP라고 생각하는 존재, 선생님으로부터 환대를 받는다고 생각해보세요. '존중의 교실'은 거기서 시작됩니다. 고마워 샤워로 시작된 교실에서 아이들은 고마움으로 자신의 존재를 확인해 나갑니다.

"수업 열심히 듣고 참여해서 고마워."
"그냥 웃고 있는 것만으로도 고마워."
"학교에 안전하게 와서 고마워."

존재에 대한 감사함을 누군가가 표현해줄 때 섬바디는 저절로 만들어집니다. 물론 사람이 24시간 환희와 기쁨에 차 있을 수는 없습니다. 교사나 친구들, 부모님이 모든 순간에 환대하는 모습을 보여줄 수는 없겠죠. 그렇지만 존재에 대한 감사함이 바탕에 깔려 있을 때는, 화가 나거나 힘든 순간에도 존재를 부정하는 것은 아니라는 것을 알게 됩니다. 존재의 감사함이 기반이 되면 자아정체성이 확립되고, 자존감, 자아효능감, 회복탄력성 등이 긍정적으로 성장합니다. 그러니 언제 어디서라도 학생들과 만났을 때 시작할 말은 "고마워!"입니다.

일단 먼저 들려주어야 합니다. 언어를 배울 때 가장 먼저 하는 것은 '듣기'입니다. 엄마가 갓난아기에게 말을 걸어줌으로써 아기는 말을 배웁니다. "고마워!"라는 말도 마찬가지입니다. 많이 들어본 아이들이 자주 말할 수 있습니다. 대답해주었으니, 함께 있어줬으니, 선생님 혹은 부모님 말에 호응해주었으니, "고마워!"라고 말해주면 됩니다. 그러나 이렇게 조건을 다는 것은 좋지 않습니다. 특정한 조건 때문에 고마운 것이라면, 그 조건을 충족하지 않을 때는 고마움이 사라지니까요. 뭔가를 주어야겠다는 마음은 우리를 힘들게 할 수 있지만, 그냥 고마움을 전하는 마음은 우리를 평온하게 합니다. 우리가 말하는 "고마워!"는 조건도 없고 이유도 없이 그냥 고마운 것입니다.

조건 없는 고마움

사랑의 의미는 어떤 사람이나 존재를 몹시 아끼고 귀중하게 여기는 마음, 또는 그런 일입니다. 카피라이터 정철 작가님의 《사람 사전》을 보면 사랑의 신선한 정의가 나옵니다. 사랑은 같이 있어주는 것, 같이 걸어주는 것, 같이 비를 맞아주는 것, 같이 울어주는 것이 아니라고 합니다. 이 모든 문장에서 '주다'라는 개념을 빼야 한다는 것입니다. 사랑은 같이 있는 것, 같이 우는 것이랍니다. '준다'는 개념을 빼야만 사랑이 존재합니다.

사랑이라는 것은 이렇듯 크고 아름다운 마음입니다. 호킨스 박사의 의식지도에서도 '사랑'의 에너지값은 아주 높습니다. 조건 없는 사랑이 기본입니다. 사랑에는 조건이 없습니다. 그래서 어려운 것입니다. 대상이 누구든 조건 없이 귀중히 여기고 아끼는 마음을 가진다는 것은 참 어렵습니다.

"이번 시험에서 100점 받아오면 네가 좋아하는 피자 쏜다."

한 번쯤 이런 말 해보셨을 것입니다. 부모님이 아이들의 동기부여를 위해 곧잘 사용하는 방법입니다. 그런데 이 말에는 '~하면'이라는 조건이 달려 있습니다. 앞에서 '준다'는 개념이 들어가면 사랑이 아니라고 말했습니다. 부모님의 사랑은 실제로 조건이 없는 무한한 사랑입니다. 그런데 마음과 다르게 조건을 달면서 말하게 됩니다. "이거 잘하면 이거 해줄게."라고 말이죠.

학생의 학습과정에 조건을 달면 '외적 동기'가 강화됩니다. 외적 동기는 외적 보상이 없으면 의욕이 사라집니다. 사랑은 '내적 요인'에 의해 자발적으로 움직입니다. 외적인 보상이 따라야 한다면 진정한 사랑이 아닙니다. 교실에서도 마찬가지입니다. 교사의 외적 보상 때문에 아이들이 학습을 열심히 하고 태도가 개선된다면, 점점 더 큰 외적 보상이 계속되어야 합니다. 그래서 이러한 방법은 지속하기 어렵습니다.

'고맙다'는 어떤 마음일까요?

'고맙다'의 사전적 의미를 찾아보면 '빚진 마음'이라고 나옵니다. 그러나 감사함과 빚진 마음은 분명한 차이가 있습니다. 빚진 마음이 들 때는 갚아야 한다는 불편한 마음도 동시에 존재합니다. 그런데 감사함에는 기쁨이 들어 있습니다. 그러니 빚진 마음으로 감사함을 가진다는 것은 맞지 않습니다. 빚진 마음에서는 고마움이나 기쁨이 우러나올 수 없습니다. 빚진 마음은 조건부 사랑과 비슷합니다. '~하면 ~해줄게'처럼 '베풀어주었으니 고마워할게'라는 뜻이죠. 고마움은 그 자체로 알아차릴 수 있는 기쁨이어야 합니다.

감사는 부모님이 나를 위해 제공해주는 것을 꼭 갚아야 한다고 맹세하는 것이 아닙니다. 부모님이 나를 위해 이렇게 무한하게 제공해주는 사랑이 있음을 알아차리고 기뻐하는 것이 바로 감사입니다. 사실 자녀가 부모님이 제공해주는 무한한 사랑을 깨닫고 매 순간 기뻐하며 살아가기는 어렵습니다. 부모님과 마찬가지로 자연에 대한 감사도 잊고 살 때가 많습니다. 우리를 둘러싼 자연환경이 제공해주는 거대한 힘에 대해 진심으로 감사해야 하는데도, 우리는 그것을 잊어버리고 놓쳐버릴 때가 많습니다.

사랑이든 고마움이든 아이들에게 조건을 달아서는 안 됩니다. 그냥 그 자체로 크고 원대한 빛이 되면 충분합니다. "사랑해!", "고마워!"라고 말하는 순간 우리 주변은 밝은 빛으로 가득해집니다.

방어기제는 보이지 않는 칼

학생들의 잘못을 교정하기 위해 훈계하다 보면 간혹 학생들이 오해하는 경우가 있습니다. 문제행동이 아니라 존재 자체를 무시당했다고 생각하는 경우입니다. 잘 가르치고자 하는 마음에 곧바로 아이들에게 교정을 하면 질책이나 비난으로 느껴질 수 있습니다. 처음부터 실수한 것이나 실패한 것 그리고 자신이 하지 못한 것에 대한 교정의 말을 듣게 되면 그것이 질책으로 들리는 것입니다.

"너 지금까지 청소 안 하고 뭐 했니?"
"수업시간에 계속 떠들기만 하면 어떻게 되겠니?"

이런 이야기를 들으면 어떨까요? 자신이 아무리 잘못을 했다고 하더라도 이러한 말을 듣고 기분 좋을 사람은 없습니다. 이런 말을 듣는 동시에 우리의 '자아'는 위협을 받는 상황, 공격을 받는 상황이라고 느끼게 됩니다. 이것이 '방어기제'입니다.

방어기제는 자아가 위협받는 상황에서, 무의식적으로 자신을 속이거나 상황을 다르게 해석해, 감정적 상처로부터 자신을 보호하려는 심리나 행위를 가리키는 정신분석 용어입니다. 방어기제가 무조건 나쁘다고 할 수는 없습니다. 자아와 위부 조건 사이에서 겪게 되는 갈등에 적응하도록 해 인간의 심리발달과 정신건강에 도움을 준다는 측면에서는 효과적이기도 하답니다.

하지만 방어기제를 갈등 자체를 해소하는 것이 아니라 자신을 속이고 관점만 바꾸는 방법으로 주로 사용하면 오히려 사회생활에 적응하지 못하게 만든다고 합니다. 방어기제가 발동할 때 학생들이 느끼는 감정은 '수치심'입니다. 자신이 문제가 있다는 것을 누군가가 알게 되는 것에 대한 부끄러움과 자신이 한 일에 대한 '무능함'을 느끼게 된다고 합니다.

그것만이 아닙니다. 이러한 모든 것이 외부로부터 자아를 공격받는다고 느끼게 되는 '불안'입니다. 친구가 놀릴까 봐, 무시당할까 봐, 비교될까 봐 느끼게 되는 두려움의 에너지가 증폭되는 것이지요. 이러한 것이 실제 문제상황을 왜곡하고 악화시키는 방향으로 방어기제를 발동시켜 문제해결을 더욱 어렵게 만듭니다.

사람들은 대부분 비난받은 즉시 방어기제가 튀어나옵니다. 교사도 마찬가지지요. 학생들은 더더욱 그렇지 않을까요? 관계에서 방어기제는 보이지 않는 칼과 같습니다.

'애·교·감'으로 말해요

부정적 상황에서 아이들의 방어기제가 발현되지 않도록 비난하거나 질책하지 않고, 또 교정하려 들지 않고, 그냥 있는 그대로 그 상황을 먼저 인정해주는 일이 중요합니다.

그런데 인정을 한다는 것이 참 어렵습니다. 무엇부터 인정을 해주어야 할지 난감하기도 합니다. 인정이 어렵다면 공감과 애정 어린 말이라도 먼저 해주어야 아이들이 쌓아올린 방어벽 사이로 문이 열립니다. 아주 조금이라도 문이 열리면 그 문 안으로 들어갈 수 있고, 거기까지만 해도 문제해결은 좀 더 쉬워질 것입니다.

'애·교·감'이 무엇일까요? 이미 알려져 있는 '인·교·감' 기법의 변형입니다. '인·교·감'은 '인정, 교정, 감사'를 뜻하는데, 이 중에서도 '인정'이 참 어렵습니다. 아이의 상태, 상황을 먼저 파악하고 인정해주는 말을 해야 합니다. 그런데 교사들이 자신의 관점에서 인정의 말을 하다 보니 학생들의 마음과 달리 움직일 때가 많습니다. 많은 일을 동시에 해야 하는 초등교사의 업무적 특성상 학생들의 일거수일투족을 모두 알 수는 없습니다. 학생 수가 너무 많아서 불가능한 면도 있습니다. 이럴 때 저는 '인정' 대신 '애정'이 담긴 말을 먼저 꺼내어 이야기하라고 합니다. 선생님의 애정 어린 말은 학생들의 마음에 걸린 빗장을 열어줍니다.

'애'는 애정입니다. 아이들과 대화를 할 때는 학생들에게 애정을 가지고 이야기하자는 뜻입니다. 한자로 '애정愛情'은 누군가를 사랑하는 마음입니다. 남녀 간의 사랑을 뜻하기도 합니다. 또 다른 한자 '애정哀情'은 불쌍히 여기는 마음입니다. 누군가를 사랑하고 불쌍히 여기는 마음이 있을 때 우리는 말을 함부로 하지 못합니다. 시작이 부드러울 수밖에 없습니다.

'교'는 교정입니다. 애정이 담긴 뒤에 오는 교정은 이미 마음의 빗장이 열려 있어 잘 들립니다. 아이 스스로가 행동을 수정하려고 합니다. '어떻게 하면 좋을까?'라고 물어봅니다. '이렇게 저렇게 해!'라고 가르치는 것이 아니라 질문을 던짐으로써 학생 스스로 해답을 찾게 도와주는 것입니다.

'감'은 감사, 고마워입니다. 마지막에 선생님과 이야기한 것에 대한 고마움, 스스로 수정하려고 한 것에 대한 고마움, 그 상황과 대화 속에서 발견한 고마움 등 모든 것에 대한 고마움을 전달합니다. 그 고마움은 문제행동과 자신의 존재를 분리하도록 도와줍니다. 자신이 한 행동의 문제에 대해 이야기를 나누는 것이지 존재를 부정하는 것이 아님을 알게 됩니다. 그래서 존재에 대한 인정으로 마무리에 "고마워!"라고 말하는 것이 아주 중요합니다. 교정이 어려운 상태라면 더더욱 감사함을 표현하는 것이 중요합니다. 문제행동과 아이의 존재를 분리하고, 존재 자체를 인정해주는 일, 그것만으로도 아이의 마음은 부드러워집니다.

스스로 답을 찾아가는 아이들

교사가 학생들에게 말할 때 먼저 그 상황을 평가자가 아닌 관찰자의 입장에서 그대로 인정하라고 했습니다. 인정해주고 공감과 애정으로 마음의 문을 살포시 열었다면, 그 뒤에 이어지는 교정은 한결 수월해집니다. 이미 마음의 빗장이 열려 있어 아이들은 잘 듣습니다. 스스로 행동을 수정하려는 경향성도 가지고요.

이때 "어떻게 하면 좋을까?" 하는 질문을 던짐으로써 학생 스스로 해답을 찾아낼 수 있도록 도와주는 것이 좋습니다. 아이 입으로 질문에 대한 답을 말하면, 자신이 선택하는 효과가 있기에 교정이 훨씬 잘 이루어집니다.

마지막은 고마워입니다. 교정이 어렵다면 건너뛰고 바로 고마워로 넘어와도 됩니다. 인정 단계에서 아이는 스스로 교정할 준비가 된 경우도 많습니다. 스스로 교정할 마음을 가졌을 때 들려오는 '고마워'야말로 아이에게 스스로의 교정을 인정받았다고 느끼게 해줍니다. 그래서 이때의 고마워는 아이들의 배움에 최고의 단어가 됩니다.

마지막에 선생님과 이야기한 것에 대한 고마움, 자신이 스스로 수정하려고 한 것에 대한 고마움, 그 상황 속에서 발견한 고마움 등 모든 것에 대한 고마움을 전달해야 합니다. 그 고마움은 문제 행동과 자신의 존재를 분리하게 도와줍니다. 자신이 한 행동의 문제에 대해 이야기를 나누는 것이지 존재를 부정하는 것이 아님을 알게 됩니다. 그래서 존재에 대한 인정으로 마무리에 고마움을 전달하는 것은 아주 중요합니다.

교정이 어려운 상태라면 더더욱 감사함을 적극적으로 표현하는 것이 중요합니다. 존재를 인정해주는 일, 그 자체만으로도 아이의 마음은 한결 부드러워질 테니까요.

단어 하나도 긍정적으로

어휘를 수집하는 행위가 뭘까요? 도대체 어떻게 어휘를 수집할까요? 답은 '독서'입니다. 독서를 통해서 어휘를 수집한다고 알려져 있습니다. 우리는 독서를 통해 다양한 관점을 가질 뿐만 아니라 다양한 어휘를 익힙니다. 그런데 독서를 통해서 다양한 언어를 습득하는 것도 중요하지만 그것을 어떻게 표현하는가에 대해서도 고민할 필요가 있습니다. 상황에 맞는 단어 하나도 긍정적으로 표현할 수 있다면 좋겠죠? 우리는 이런 말을 할 때가 있습니다.

"왜 이렇게 흥분하니?"

새로운 일에 들떠 있는 사람에게 상대방이 이런 말을 한다면 어떨까요? 분명 김빠지는 느낌이 들고 듣기가 거북할 겁니다. 이 책을 읽고 있는 선생님이나 부모님도 간혹 이런 말을 쓴다면 이렇게 바꿔보는 것은 어떨까요?

"많이 설레는구나!"

'흥분' 대신 '설레다'로 바꾸기만 해도 느낌이 다를 겁니다.

"오늘 반 대항 피구 시합을 한다고 했더니 우리 반 애들 완전 흥분의 도가니, 난리도 아니에요."

교무실에서 선생님들이 이런 말도 가끔 합니다. 피구 한 번에 아이들이 '흥분의 도가니'에 빠질 만큼은 아닐 텐데, 순간적으로 좀 과한 표현을 쓰게 됩니다. 교사도 어릴 때부터 윗세대로부터 그렇게 과장된 표현을 자주 듣고 자라서 그런지, 아무 생각 없이 또 그렇게 이야기하게 되는 듯합니다. 일종의 되물림 같달까요? 어쨌든 그 상황에 딱 맞는 적절한 표현을 알지 못해 모방한 언어를 그대로 사용하곤 합니다. 그렇다면 이런 순간에 적절한 표현은 무엇일까요?

'흥분의 도가니'보다 '목소리가 한 톤 올라갔어요', '정말 즐거운 모양이에요' 같은 표현은 어떨까요? 더 적절한 좋은 표현이 있다면 알려주시면 좋겠습니다.

"너희들 이렇게 흥분하고 아수라장 만들면 오늘 피구 취소다!"

아이들의 목소리가 커지고 즐거움이 넘칠 때 선생님의 이 말 한마디는 즐거움에 찬물을 한 바가지 쫙 끼얹는 효과를 발휘합니다. 물론 아이들이 너무 흥분하다 보면 다칠까 봐 걱정도 되고, 그래서 하는 말이라는 것을 잘 압니다. 하지만 그럴 때는 아이들과 놀이할 때 지켜야 할 미덕의 울타리를 함께 만들고 활동을 진행하면 됩니다. 다음의 단어들을 읽어보세요.

정중한 - 점잔 빼는

정직한 - 합법적인

차분한 - 무딘

자비로운 - 응석을 받아주는

책임감 있는 - 죄책감에 빠진

풍부한 - 과잉의

의지하는 - 의존적인

언뜻 보면 비슷한 의미로 사용될 수 있는 두 단어의 쌍입니다. 오른쪽과 왼쪽 단어 사이에는 분명한 차이가 있습니다. 어떤 단어를 사용하는가에 따라 사람이나 상황을 바라보는 우리의 시선도 달라집니다. 아이들을 관찰할 때 단어의 뉘앙스를 세심하게 구별해 사용해보면, 지금까지 보지 못했던 것들이 눈에 띕니다. 그것은 교사에게도, 학생에게도 성장이라는 변화를 가져다줍니다.

비단 '단어'만이 아닙니다. 부정문을 긍정문으로 바꾸어 표현하는 것도 비슷합니다. 추상적인 표현을 눈에 보이듯이 구체적으로 표현해주는 것도 큰 도움이 됩니다. 학생들은 '놀이 규칙'을 정할 때 대체로 부정적 표현을 많이 씁니다. 이럴 땐 긍정문으로 변화시켜주면 좋습니다.

책상이나 의자에 올라가지 않아요. ⇨ 공간을 안전하게 사용해요.

가까이 붙어 앉지 않아요. ⇨ 마스크를 쓰고 거리 두기를 실천해요.

실내화를 신고 올라가지 않아요. ⇨ 실내화를 벗고 이용해요.

뛰지 않아요. ⇨ 질서를 지키며 걸어 다녀요.

교사의 언어적 표현을 바꾸는 것만으로도 교실을 감사에너지로 빠르게 채워나갈 수 있습니다.

'해야 할 것'에 초점을 맞추는 교사의 언어

어느 마을에 쓰레기가 가득한 곳이 있습니다. 땅 주인은 쓰레기를 치웠습니다. 쓰레기를 치우고 나니 깨끗한 빈터가 되었습니다. 그런데 그 빈터에 자꾸만 사람들이 쓰레기를 가져다 버렸습니다. 그래서 주인은 팻말을 세웠습니다.

'쓰레기를 버리지 마시오.'

사람들은 쓰레기를 버리지 말라는 그 팻말 옆에도 쓰레기봉투를 떡하니 가져다 놓았습니다. 빈터의 주인은 고민하다가 좀 더 강력한 문구와 함께 땅 주위에 철조망을 둘렀습니다.

'쓰레기를 버리지 마시오. 경찰에 신고함.'

어떻게 되었을까요? 철조망이 있음에도 불구하고 사람들은 철조망 너머로 쓰레기를 던졌습니다. 주인은 고심 끝에 이번에는 좀 색다른 시도를 해보았습니다. 쓰레기를 치우고 빈터를 꽃밭으로 가꾼 것입니다. 그러자 사람들은 그곳에 쓰레기를 버리지 않았습니다. 그리고 주인은 새로운 팻말을 세웠습니다.

'아름다운 꽃을 많이 사랑해주세요.'

이 이야기는 우리의 마음에도 똑같이 적용될 겁니다. 아무것도 없는 빈터에서는 부정성이 자랍니다. 쓰레기를 치워버리면 깨끗해질 것 같지만 금방 다시 새로운 쓰레기로 채워집니다. 하지만 아름다운 꽃을 심고 가꾸면 그곳에 쓰레기가 들어올 수 없습니다. 마음의 밭에도 아름다운 꽃을 키우면 부정성이 들어올 자리가 없습니다. 구체적으로 무엇을 할지 표현할 때 변화가 일어납니다.

쓰레기를 버리지 마세요. ⇨ 꽃밭을 가꾸어주세요.

어느 날 자공과 공자가 이런 대화를 나누었습니다.

子貢曰 貧而無諂 富而無驕 何如
자공왈 빈이무첨 부이무교 하여

子曰 可也 未若貧吏樂 富而好禮者也

자왈 가야 미약빈이락 부이호례자야

자공이 물었습니다.

"가난하면서도 아첨하지 아니하고, 부유하면서도 교만하지 아니하면 어떻겠습니까?"

이에 공자께서 말씀하셨습니다.

"괜찮지. 그러나 가난하면서도 즐길 줄 알고 부유하면서도 예를 좋아하는 것만 같지는 못하느니라."

자공은 '무엇을 하지 않는다'에 초점을 두었습니다. '아첨하지 않는다. 교만하지 않는다' 역시 스승인 공자는 한 발 더 나아갑니다. '즐길 줄 안다. 예를 좋아한다.' 아첨하지 않는 것에 그치지 않고 즐길 줄 알아야 하고, 교만하지 않는 것에 그치지 말고 예를 좋아하는 것으로 나아가라고 말합니다.

우리는 어쩌면 늘 'OO 하지 않는 것'에 초점을 맞추고 살고 있는지 모르겠습니다. 이제는 '무엇을 해야 할 것인지' 찾아보는 연습이 필요합니다. 빈터를 그냥 놔둘 게 아니라 마음의 꽃밭으로 만들어야 하지 않을까요? '고마워 씨앗'으로 교실을 꽃밭으로 만들어보면 좋겠습니다.

감사와 기쁨으로 마음의 꽃밭을

우리는 이런 말을 힘을 주는 말, 용기를 주는 말이라고 합니다.

"넌 정말 못하는 게 없구나!"
"넌 잘할 수 있어."
"정말 잘했어."
"무엇을 하든 최선을 다하면 되는 거야."

긍정과 용기의 말이죠. 데이비드 호킨스 박사의 '의식의 밝기'에 따르면 이런 말은 200에 해당됩니다. 쓰레기를 치운 깨끗한 빈터에 비유할 수 있습니다. 스스로 의지를 다지고 잘할 수 있다고 하지만 다른 이들이 언제든지 쓰레기를 버리러 올 수 있어서 항상 치울 준비를 해야 하는 상태인지도 모릅니다. 이 말을 다음과 같이 바꾸어보면 어떨까요?

"이렇게 노력하다니 정말 고마워!"
"정말 감동이구나."
"최선을 다한 너에게 행운을 보낼게."
"축복해주고 싶구나."

"고맙습니다. 감사합니다."

이러한 말은 감사와 기쁨의 언어입니다. '의식의 밝기'로는 540에 해당되는 말입니다. 이것은 빈터를 꽃밭으로 가꾸는 것에 비유할 수 있습니다.

넌 못하는 게 없구나! ⇨ 이렇게 노력하다니 정말 고마워!

이렇게 바꾸어 표현해보면 어떨까요? 언어 하나를 바꾼다고 우리의 의식이 한순간에 200에서 540으로 올라갈 리는 없습니다. 하지만 540 수준의 밝은 언어 덕분에 스스로를 살펴볼 기회를 얻을 수 있습니다. 그리고 아이들의 무의식 속에도 좋은 에너지값들이 차곡차곡 쌓이게 됩니다.

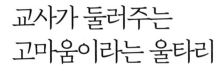

교사가 둘러주는
고마움이라는 울타리

교실 울타리? 울타리가 무엇일까요? 담 대신에 경계를 지어주는 것이 울타리입니다. 고정되어 있을 때도 있고 이리저리 옮길 수도 있습니다. 교실의 울타리라고 하면 '학급의 규칙' 같은 것이냐고 묻는 분들도 많습니다. '규칙'이 개별 낱개들의 조합이라면 울타리는 전체를 포괄하는 개념입니다.

교실에 경계가 있을 때 학생들은 훨씬 더 자유롭게 활동하게 된다고 합니다. 10차선 도로에 중앙선이 없다고 상상해보세요. 생각만 해도 끔찍합니다. 중앙선은 서로 반대방향으로 달리는 차들을 명확하게 나누어줍니다. 중앙선이 있기 때문에 자유롭게 운전할 수 있습니다. 같은 방향으로 여러 대가 달릴 수 있게 그려놓은 백색 차선도 마찬가지입니다. 차선이 있을 때와 없을 때는 분명한 차이가 생깁니다. 차선이 없으면 더 빨리 갈 수 있을 것 같지만 실상은 그렇지 않습니다. 도로 위의 차선은 약속입니다. 다 같이 약속을 정하고 지키기로 했기 때문에 우리는 도로 위에서 안전하고 자유롭게 다닐 수 있습니다.

존중의 교실

교실에서도 마찬가지입니다. 중앙선, 차선 역할을 하는 경계, 울타리가 필요합니다. 모든 학생이 존중받는 교실을 만들기 위해서는 이러한 울타리가 필요합니다. 그런데 존중은 말로 가르친다고 이루어지는 것이 아닙니다. 학생들끼리 서로 약속했다고 곧바로 지켜지는 것도 아닙니다. 존중 속에 포함된 다양한 도덕적 가치가 내면화되어 행동으로 옮겨질 때만 이루어집니다.

그 시작점이 '고마워'입니다. '고마워'는 존중의 교실을 만들기 위한 도덕적 내면화의 가장 쉽고 빠른 방법입니다. 교실의 구성원은 각자 다른 삶을 살아온 존재들입니다. 35세의 선생님은 35세의 삶이, 42세의 선생님은 42년의 시간이 묻어 있습니다. 마찬가지로 10살 어린이에게도 10년의 세월로 만들어진 삶의 흔적이 있습니다. 당연히 이들이 모두 같지는 않습니다. 존중의 교실에서는 각 구성원을 존재로서 서로 인정하고 받아줍니다. 그것을 가장 빠르게 인식하도록 물꼬를 터주는 기쁨의 단어가 바로 '고마워'입니다.

우리 뇌에는 '편도체'라는 것이 있습니다. 편도체는 흔히 감정을 처리하고 위험을 감지하는 영역으로 알려져 있습니다. 편도체는 귀와 가까운 곳에 있는데, 말은 우리의 귀로 들어가고 뇌의 2층에 자리한 감정의 뇌는 '고마워'를 듣고 반응합니다. 그리고 3층 이성의 뇌를 작동시킵니다. '그렇지, 내가 누군가에게 고마운 존재인 거지. 나의 행동이 도움이 되는구나.' 하고 말입니다. 이곳이 전두엽입니다. 이성의 뇌는 이성적인 듯하지만 사실 2층 감정의 뇌의 지배를 받습니다. 감정이 먼저 받아들여야 이성도 합리적으로 잘 판단하게 되고 행동하게 됩니다.

'고마워'는 기쁨의 의식 수준이기에 우리들의 감정을 평온하게 하고 이성적으로 생각하고 행동하도록 돕습니다. 그래서 존중의 교실은 '고마워'라고 말하는 교사의 언어로부터 시작됩니다.

진달래를 꺾어온 아름다운 마음

종종 제자들이 찾아옵니다. 교사가 되어 처음 담임을 맡은 5학년 아이들이 27세가 되어 저를 찾아왔을 때 이런 이야기를 나누었습니다.

"선생님, 무서웠어요. 그때 단소를 못 분다고, 손바닥을 맞았는데 진짜 눈물 나게 아팠어요."

"어머나! 그래? 내가 그랬니?"

"맞은 기억밖에 없는 선생님을 왜 찾아왔니?"

"그래도 우리에게 참 좋은 선생님이셨어요."

이 아이들은 제가 어느 학교에 있는지를 수소문해서 찾아왔다는데, 좋은 선생님이었다고 말합니다.

'그때 내가 정말 좋은 선생님이었을까?' 하는 의문이 듭니다. 그 시대에는 훈육이라는 이름으로 체벌이 용인되었던 때입니다. 제가 아이들 손바닥을 대나무로 때렸나 봅니다. 아이고, 그 어린 손바닥이 얼마나 아팠을고. 그 시절을 되돌아보니 아이들에게 너무 미안해 눈물이 나려고 합니다. 대학을 갓 졸업하고 아무것도 모르는 초임 교사가 아이들을 제대로 교육하겠다고 손바닥을 때렸다니…. 어쩌면 '교육'이라는 미명하에 몸에 익은 것이 체벌이었을지도 모릅니다. 어느새 교육현장에 체벌이 사라지고 교육의 방법들도 바뀌면서 체벌은 말도 안 되는 일이 되었습니다. 그래서 그런지 그때 일은 제 기억 속에서 사라져버렸습니다.

하지만 그 제자들이 15년이나 지나서 저를 찾아온 것을 보면 아이들 말대로 좋은 선생님이긴 했나 봅니다. 아이들 기억 속에 맞은 것만 있었다면 어쩔 뻔했을까 생각만 해도 아찔합니다. 참으로 다행인 것은 학교가 시골에 있어 들로 산으로 함께 다녔던 좋은 기억들이 그 체벌의 아픔을 상쇄시켜주었다는 것입니다.

어쨌든, 그때의 저는 아이들 말대로 정말 좋은 선생님이었을까요? 당시 저는 좋은 선생님이 되고 싶었습니다. 그런데 문제는 어떻게 해야 좋은 선생님이 되는지를 몰랐던 것입니다. 초임지는 전교생이 얼마 되지 않는 시골의 6학급짜리 학교였습니다. 아이들이 너무도 순수했기에 부산에서 온 도시 선생님은 아이들의 마음을 다 이해하기도 어려웠고, 그 마음을 어루만지기에는 너무 어리고 젊었습니다.

아이들의 손바닥을 때린 것 말고도 교사로서 저 자신의 부족함을 느낀 사건이 또 있습니다. 29년 교직 생활 내내, 지금까지도 마음속에 남아 있는 진달래 사건입니다. 처음 발령받고 한 달쯤 지난 어느 날, 아이들을 하교시키고 교실 책상에 앉아 여유롭게 업무를 보고 있었습니다. 그런데 갑자기 진희라는 여자아이가 진달래를 양팔에 한 아름 품에 안고 교실로 들어왔습니다. 얼굴 가득 함박웃음을 띤 채 말입니다. 그러면서 하는 말이, 학교 마치고 산에 가니 진달래가 피기 시작해서 선생님 생각이 나서 잔뜩 꺾어서 들고 왔다는 것입니다. 저는 그때 이렇게 말했습니다.

"어머나! 진희야, 꽃을 꺾었니? 가지째 이렇게나 많이? 꽃을 꺾는 것은 나쁜 거야. 다음부터는 그러면 안 된다. 알겠지?"

저에게 보여주고 싶어서 꽃을 가져온 아이의 마음은 조금도 헤아려주지 않은 말을 내뱉고 만 것이죠. 진달래꽃 한 송이도 아니고 가지째 한 아름이나 꺾어왔다니! 저는 그 생각에만 사로잡혀서 아이를 나무랐습니다. 지금 생각하면 참으로 못난 선생입니다. 그때 당황하던 진희의 표정이 아직도 생생합니다.

저는 도시촌년이라 꽃은 무조건 꺾으면 안 된다고 배우며 자랐습니다. 또 산에서 진달래가 어떤 모양으로 어떻게 피는지도 본 적이 없었습니다. 학교 뒷산에 진달래 군락지가 어떻게 형성되어 있는지도 당연히 몰랐죠. 나중에 가보니 그 학교 뒷산은 그야말로 온 산 가득 진달래로 뒤덮여 있었습니다. 동네 어른들은 사람들의 통행에 불편을 주지 않도록 하기 위해서 군락지의 길섶에 정신없게 난 진달래를 일부러 꺾기도 했습니다. 아마 그 진희도 어른들의 모습을 보고 그랬을 것입니다. 지금도 그때를 떠올리면 부끄러워집니다.

"진희야, 진달래 진짜 아름다웠고, 너무너무 고마웠어."

때늦은 고마움과 미안함을 이제야 전해봅니다.

잘못된 도덕적 검열

꽃을 꺾으면 안 된다. 물론 맞는 이야기입니다. 그러나 과연 교사가 도덕적으로 늘 우월할까요? 선생님이니까 아직 어린 학생보다 도덕적으로 우월할 것이라고 생각하시나요? 도덕적 잣대는 바닥에 선을 긋고 이쪽은 선善, 저쪽은 악惡이라고 나누는 것이 아닙니다. 우리는 살면서 도덕적 딜레마에 수없이 빠집니다. 그 도덕적 딜레마를 어떻게 지혜롭게 해결하는가가 바로 학교에서 배워야 할 것입니다.

저는 진희의 행동에 대해 왜 그렇게 판단했을까요? 그 판단의 잣대와 판결 모두 교사인 제가 진희보다 도덕적으로 우월하다고 착각한 데서 비롯된 것 아니었을까요? 제 생각과 다르면 그것이 잘못되었으니 고쳐주어야 한다고 생각한 것, 제가 가진 관점만 옳다고 믿는 것, 이런 것이 바로 '독단'입니다. 물론 교사만이 아닙니다. 이런 잘못된 도덕적 검열은 가정에서도 일어나고, 교실에서 또래 친구들 사이에서도 일어납니다.

"야! 지금 수업에 방해되잖아. 소리 지르지 마!"

앞에서 보셨듯이, 아이들 역시 상대가 자신에게 불편을 끼치면 도덕적으로 잘못되었다고 질책합니다. 미정 선생님의 교실에서 아이들이 친구에게 했던 말은 잘못된 것일까요? 꼭 그렇다고도 볼 수 없습니다. 아이들 입장에서는 자신들의 공부에 방해가 된 것이 사실이니까요.

"너 조용히 안 할래?"
"너 진짜 가만히 좀 못 있어?"

학습도움반 친구를 향해 아이들이 이렇게 말한 것 역시, 자신이 도덕적 우위에 있다는 착각 때문입니다. 친구가 잘못되었다고 규정할 때는 자신은 바르다는 전제가 바탕에 깔립니다. 교사 입장에서는 "네 목소리가 더 시끄러워! 친구에게 그렇게 못되게 이야기하는 것 아니야."라는 말이 나올 법합니다. 그런데 이렇게 말하는 교사 또한 학생들보다 자신이 도덕적으로 우위에 있다고 생각해서 그런 것일 수 있습니다.

미정 선생님은 그 순간 어떻게 했나요? 도덕적 우위를 따지기보다 에너지를 전환시키는 방법을 찾았습니다. 스스로 그 상황을 인식하고 찾아낸 것입니다. 선생님들이 순간적으로 놓치는 것이 이러한 '도덕적 우위'를 선점한 채로 아이들에게 말하는 것입니다.

"지금은 청소시간인데 ○○이에게는 어떤 미덕이 필요할까?"

'필요'라는 말의 사전적 의미는, 반드시 요구되는 바가 있다는 것입니다. '반드시', '꼭' 같은 단어들은 강요하는 말입니다. 미덕을 강요하다니 주객이 전도된 것 아닌가요? 미덕은 외부로부터 주어지는 것이 아니라 마음에서, 내부에서 발현되는 것입니다. 남이 강제로 꺼내줄 수 있는 것도 아니고요.

"○○아, 지금 꺼내야 할 미덕은 무엇일까? 그래, 도움과 배려의 미덕을 꺼내어주렴."

마음에서 도움과 배려의 미덕을 꺼내는 아이들, 정말 열심히 노력해주는 아이들이 고맙기 그지없습니다. 그러나 자꾸만 꺼내달라고 요청하는 선생님의 말을 들으면 아이들은 어떤 느낌이 들까요? 미덕을 강요 아닌 강요로 마음에 새길 수 있습니다. 그렇게 행동해야만 선생님이 예뻐해주고, 친구들이 좋아해줄 거라는, 일종의 '억압'적인 마음이 생겨납니다. 스스로 빛을 내려고 노력하는 것이 아니라, 어느 순간 누군가의 필요에 부응하고자 미덕을 밖으로 끄집어내게 됩니다.

"도움과 배려의 미덕을 빛내줘서 고마워."

누군가의 강요에 의해서 꺼내는 것이 아니라 스스로 빛을 내어 준 것을 고마워해야 합니다. 마지막에 붙이는 '고마워'는 혹시나 잘못된 잣대로 만든 도덕적 검열이 되지 않도록 도와주는 마법의 단어입니다.

고마움의 울타리를 넓히는 법

너그러운 친구형, 위압적인 독재자형, 민주적 외교가형, 오락가락 갈대형, 자율적 교육자형. 지금 이 책을 읽고 계신 선생님 혹은 부모님은 위의 5가지 유형 중에 어느 쪽에 해당하나요? 선생님의 예를 들어 각 유형을 설명해보겠습니다.

1. 너그러운 친구형

너그러운 친구형 선생님은 다정다감하고 온화합니다. 아이들에게 원하는 것을 물어보고 결정할 때가 많습니다. 그러다 보니 교실이 혼란스러워지기 일쑤고, 짜증이 날 때가 많습니다. 그래서 일관성을 유지가 힘듭니다.

2. 위압적인 독재자형

위압적인 독재자형 선생님은 엄격합니다. 늘 통제하고 지적하다 보니 교실이 굉장히 조용할 가능성이 높습니다. 하지만 항상 아이들을 감시하고 감독해야 하기 때문에 교사의 에너지 소모가 크고 아이들의 불만이 커질 가능성이 있습니다.

3. 민주적인 외교가형

'너희들은 어떻게 생각해?'라고 아이들의 생각을 자주 물어보는 유형입니다. 민주적 외교가형의 선생님은 아이들에게 평등함을 강조하고, 토론도 자주 하도록 하며 기회를 많이 부여합니다. 다수결로 문제를 해결할 때가 많습니다. 활기찬 교실이긴 하지만 일의 효율성이 떨어지고, 어떤 경우에는 학급 활동의 기준이 불명확해 혼란스러울 때가 있습니다.

4. 오락가락 갈대형

오락가락 갈대형 선생님은 꽤 많은 선생님들이 "어? 난데?"라고 말하는 유형입니다. 갈대형 선생님은 부드럽습니다. 그러면서도 위압적입니다. 갈대형 선생님은 학생들과 사랑을 주고받길 원하고, 학생들로부터 인정받기를 원합니다. 그러나 잘못하면 학생들이 선생님을 존중하지 않을 가능성이 높습니다.

5. 자율적 교육자형

마지막 자율적 교육자형은 다수결이 아니라 미덕, 가치로 문제를 해결합니다. 울타리를 제시하고, 그 안에서 허용적으로 운영합니다. 명확한 울타리로 자유와 신뢰를 주고 동시에 유연성을 발휘할 수 있는 환경을 만듭니다.

어떤가요? 위의 5가지 유형을 보면서 '교사도 사람이구나' 하는 점을 느끼셨을 것입니다. 그래서 교사는 학급을 맡은 교육자로서 거듭나기 위해서 노력해야만 합니다. 좋은 교사가 된다는 것이 그래서 참 어렵습니다. 나름대로는 교육을 잘해보려고 한 행위가 아이들에게 상처가 되기도 합니다. 교육자로서의 신념을 가지고 말하고 행동한 것들도 상황에 맞지 않으면 좋은 의도들이 퇴색되어 버립니다. 이럴 때 교사들은 힘이 빠집니다. 의도한 것과 다른 결과가 나온 셈이니까요. 자신이 잘못해서 좋은 선생님이 되지 못한 것처럼 느껴지기도 합니다.

뿐만 아니라 교사가 한정적인 생각을 가진 경우 학생들에게도 한정적인 생각을 하도록 강요할 때가 있습니다. 교사 자신도 모르게 벌어지는 일입니다. 학생들은 교사의 울타리 안에서 자랍니다. 울타리의 범위가 넓으면 그 안에서 자유롭게, 안전하게 달리고, 여유롭게 배울 수 있습니다. 하지만 좁은 곳에 있는 학생들은 숨이 막히고 답답합니다.

"그렇다면 울타리가 없는 것이 더 좋은 것 아닌가요?"

이렇게 반문하는 분도 있습니다. 하지만 울타리가 없다는 것은 세상의 보호가 사라진다는 의미이기도 합니다. 울타리는 보호받는 느낌, 안정감을 줍니다. 배우는 단계에서는 안정감이 필요합니다. 나를 보호해주는 울타리 안이 넓고 밝고 즐거운 곳이라면 어떨까요? 아이들의 성장에 큰 도움이 될 것입니다. 교사가 아무리 학생들을 위해서 노력해도 그 울타리의 범위가 좁다면 교사의 노력은 학생들에게 보이지 않습니다.

교사의 울타리는 어떻게 하면 더 커질까요? 먼저 한 사람의 인격체로서 교사 자신의 울타리를 키워야만 학생들에게 제공할 울타리 공간도 커집니다. 과거의 저는 삶의 경험이 부족하고 그릇의 크기가 너무 작았습니다. 그래서 나뭇가지 꺾인 것만 보이고 아이의 마음을 보지 못했습니다.

"와! 정말 멋진 꽃이구나. 선생님을 위해서 이렇게 가져오다니 정말 고마워. 그런데 나뭇가지가 아팠겠구나. 나뭇가지의 아픔도 함께 생각해주렴. 다음번엔 나뭇가지도 아프지 않고 선생님에게 꽃도 보여줄 방법을 찾아보면 어떨까?"

이렇게 말했다면 어떠했을까요?

좋은 교사가 된다는 것은 어떤 것일까요? '좋은'의 의미는 무엇일까요? 누구에게, 어떤 시간에, 어떤 장소에 좋다는 것일까요? 좋다, 나쁘다는 것은 어디까지나 주관적입니다. 그래서 하나로 정의하기 어렵습니다. 그러나 동의할 수 있는 것은 울타리의 범위가 넓을수록 '좋은'에 대한 합의를 쉽게 이루어낼 수 있습니다.

학교는 지식과 관계를 배우는 곳입니다. 지식을 잘 배우고 익힐 수 있는 방법이 필요합니다. 관계는 어떨까요? 교사의 넉넉함, 편안함, 선함, 조화로움, 단단함 등을 자연스럽게 보고 배웁니다. 교사가 먼저 고마움으로 울타리를 잘 정비해서 단단하고도 넓게 만들어가면 좋겠습니다.

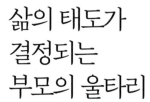

삶의 태도가
결정되는
부모의 울타리

한 TV 예능프로그램에 외국인 가족이 우리나라 한옥에 머물다
가는 내용이 나왔습니다. 부모님과 아이들로 구성된 4인 가족이었
습니다. 외국인이라 자유분방할 거라는 예상과 달리 아이들은 정
중한 태도로 부모님을 대했고, 식사 예의도 반듯했습니다. 가만히
보니 그 부모님도 사랑과 애정은 주지만, '아닌 것은 아닌 것'임을
가르치는 분명한 선이 존재했습니다. 젓가락으로 음식을 집지 못
하고 있던 아들에게 부모님이 이렇게 권유했습니다.

"숟가락으로 먹는 것은 어떨까?"

아들이 젓가락을 놓고 숟가락을 들려는데 아빠가 한마디 더합
니다.

"젓가락질을 시도하다니 멋지구나."

아빠는 아이의 더러워진 옷이나 젓가락질을 못하는 데 집중하지 않았습니다. 아들이 젓가락질을 시도했다는 것 자체를 즉각적으로 인정해주었습니다. 아들에게 이 일은 어떤 경험으로 남을까요? 아빠의 말 한마디가 아들에게 좋은 느낌을 주었을 것입니다. 어려운 일에 도전한 것을 인정받아서 흐뭇했던 식사 자리로 기억될 것입니다.

누구나 인정받기를 원합니다. 인간은 타인과의 교류를 통해서 행복을 찾아갑니다. 더군다나 어린 자녀에게 부모님은 자신의 삶을 살아가게 해주는 존재이자 권력자입니다. 그러한 존재로부터의 인정을 받기 위해 알게 모르게 노력하고 있는지도 모릅니다. 그런데 그 존재가 자신이 하는 일을 지지해주고 인정해준다면 어떨까요?

분석해보자면 그 외국인 가족의 아빠는 아들이 한 행동의 결과에 집중하지 않고 시도하고 도전한 의도와 과정을 인정해주었습니다. 만약 행동의 결과에만 집중했다면 이렇게 말했을 것입니다.

"아이고, 옷이 더러워졌구나. 숟가락을 써보렴."

부모님이 이런 말을 할 때 아들은 자신의 무능한 행동을 경험 기억으로 저장할 것입니다. 똑같은 상황인데 한쪽은 도전을 인정받고, 다른 한쪽은 무능함을 지적받는다면 여러분은 어느 쪽을 선택하겠습니까?

학교생활도 마찬가지입니다. 성적이 좋든 나쁘든, 친구가 많든 적든 아이들은 자신의 작은 행위 하나 하나를 인정받고 싶어 합니다. 그 작은 인정의 경험이 아이들의 긍정적 성장을 돕습니다.

큰 나와 작은 나

지금부터 함께 상상해보겠습니다. 평소에는 아주 기본적인 색상에 베이직한 디자인의 옷을 즐겨 입는 편이지만, 간만에 기분도 전환할 겸 화사한 봄옷을 한 벌 구입하려고 합니다. 이번만큼은 나 자신을 위해서 화려한 꽃무늬 원피스에 빨간 재킷을 입어봅니다. 평소와 다른 과감한 스타일의 옷을 입은 거울 속의 내 모습이 흡족합니다. 쇼핑하는 내내 평소와는 다른 옷을 입어보면서 기분도 좋아지고 행복해졌습니다. 그렇다면 집에 들고 온 쇼핑백에는 어떤 옷이 들어 있을까요?

A : 화사한 꽃무늬 원피스와 빨간 재킷
B : 평소에 주로 입는 베이직한 컬러와 디자인의 옷

이번만은 색다른 옷을 한번 사보겠다고 마음먹고 집을 나섰지만, 돌아올 때 쇼핑백 안에 든 옷은 평소에 즐겨 입던 옷들과 비슷합니다. 이런 경험 한 번쯤은 해보셨을 겁니다. 도대체 나의 의사결정은 누가 한 것일까요?

　인간에게는 의식과 무의식의 세계가 존재한다고 합니다. 이 둘 중 나의 삶을 결정하고 움직이게 만드는 것은 바로 무의식이라고 하죠. 그래서 의식을 '작은 나', 무의식을 '큰 나'라고 부릅니다. 큰 나인 무의식은 어떻게 만들어질까요? 경험의 축적을 통해 만들어진다고 알려져 있습니다.

　우리의 뇌는 1초에 1,110만 개 이상의 정보를 받아들입니다. 뇌에 정보를 전달해주는 것이 바로 우리의 감각기관입니다. 오감을 통해서 우리는 정보를 수집합니다. 이때 필요한 정보만 의식에서 처리하고 동시에 들어온 1,110만 개는 무의식 어딘가에 저장해둡니다. 일상에서 경험하는 모든 정보가 매초 무의식에 저장됩니다. 우리의 삶은 경험의 축적에 의해 만들어지는 결과입니다. 이 무의식이 이루어내는 것이 부모님이 살아가는 방식이 되고, 곧 자녀에게는 부모님이 제공해주는 울타리가 됩니다.

　누구나 자신의 관점에서는 좋은 부모입니다. 이 말은 스스로 인식하는 부모로서의 울타리와 실제 아이들에게 제공하는 울타리가 다를 수 있다는 의미입니다. 부모님이 살아온 시간과 경험이 축적

되어 자녀에게 울타리가 됩니다. 그 울타리에는 당연히 부모님의 감정과 에너지가 포함되어 있죠. 부모님이 말로는 괜찮다고 해도 감정적으로 괜찮지 않을 경우, 자녀들은 귀신같이 알아채고 느낍니다. 말과 상관없이 부모님이 내보내는 그 감정과 욕구가 자녀에게 에너지값으로 그대로 전해지기 때문입니다. 자녀에게 제공하는 울타리는 결국 부모님이 내보내는 에너지값으로 정해집니다.

부모도 부모가 처음이라

그렇다면 그 울타리의 크기는 부모가 되는 순간 정해지는 것인가요? 다행히 그렇지 않습니다. 우리가 살아가면서 울타리가 망가지면 수리도 하고, 또 영역을 넓혀갈 수도 있는 것처럼 좋은 경험을 축적하면 달라질 수 있습니다.

사실 누구나 처음 경험하는 일입니다. 엄마도 엄마가 처음이고, 아빠도 아빠는 처음입니다. 누가 옆에서 부모 되는 법을 알려준 적도 없습니다. 과거 농경사회 때는 대가족이 모여 살면서 양육을 분담했기 때문에, 굳이 부모수업을 따로 받지 않아도 어르신들에게 배우면서 대처할 수 있었습니다. 하지만 지금은 그렇지 않습니다. 아기에게 우유 먹이는 일조차 누군가에게 물어봐야 합니다. 모든 것을 일일이 물어볼 수가 없으니 어떨 땐 너무 답답합니다. 이때 무의식 속의 '큰 나'가 작동합니다. 자신이 경험한 부모님의 양육방식을 자신도 모르게 꺼내어 자식에게 전달합니다. 그러면서 자신의 성향과 시대적 환경을 덧붙이기도 합니다.

요즘 젊은 부모님들은 부모라는 울타리를 넓고 크게, 그리고 멋지게 만들기 위해서 많이 배우고 서로 도움을 주고받습니다. 온라인 커뮤니티에서 각자의 경험을 활발하게 나누고, 마치 집단지성처럼 여러 사람이 각자의 육아 아이디어를 꺼내어 도움을 줍니다. 그러나 이러한 커뮤니티를 통해서 수집한 정보가 사실은 케이스마다 다르고, 부모님마다 다를 수밖에 없습니다. 아이의 성향도 다르고 환경도 다르니 모든 문제 상황에 한 가지 답이 존재할 수 없습니다. 그리고 사람들이 알려주는 단편적인 정보들은 문제해결에만 초점이 맞추어진 경우도 많습니다. 그러다 보니 이 문제를 어떻게 이해해야 할지, 내 아이에게는 어떻게 적용해야 할지 혼란스럽습니다.

아이들의 우주를 넓히는 일

동물과 달리 사람은 양육기간이 무척 깁니다. 최소 20년은 걸리죠. 발달단계마다 부모가 해주어야 할 것도 다릅니다. 유아와 초등이 다르고, 중고등은 더욱 다릅니다. 단계마다 새로운 고민들이

한 보따리씩 생겨납니다. 단계별로 배우고 익혀야 할 지식도 많습니다. 그러나 그 무엇보다 중요한 것은, 부모님의 울타리를 넓게 만들고 그곳에서 마음껏 뛰어놀며 성장하도록 해주는 것입니다.

앞에서도 말했듯이 부모님의 울타리가 넓어야 아이들이 안정감을 가진 채로 마음껏 부딪혀보고 날개를 파닥거리며 꿈을 펼칠 수 있습니다. 아이들에게 우주는 가정입니다. 가정에서 학교로, 그리고 사회로 나아갑니다.

어른이 되고 나서 어린 시절 뛰어놀던 곳에 가본 적 있나요? 엄청 작아 보입니다. 어린 시절에는 그곳이 엄청 넓었는데 말이죠. 물론 그때는 키나 몸집이 작아서 그렇기도 했지만, 그때까지 살면서 가져본 인식공간이 크지 않아서 그렇게 느껴진 것입니다. 그래서 학교 교육과정도 공간인식 단계를 따라 가정에서 학교로, 마을로, 시도자치단체에서 국가로, 세계로 연령과 발달단계에 맞추어 확장시켜 나갑니다.

그러나 넓은 세상으로 나아간다고 해서 혹은 인식공간이 넓어진다고 해서 삶의 울타리가 넓어지는 것은 아닙니다. 가정이라는 협소한 곳 안에만 있다고 해서 울타리가 좁은 것 역시 아닙니다. 우리가 살아가는 울타리는 넓은 우주에서도 적용되는 '삶의 태도'를 말합니다. 가정에서 뛰어놀았던 넓고 튼튼한 울타리의 세상입니다. 거기서 느낀 안정감이 넓은 세상으로 나온 후에도 똑같이 적용됩니다. 부모님의 울타리를 넓히는 일은, 아이들의 우주를 넓히는 일입니다.

그렇다면 부모의 울타리는 무엇으로 어떻게 만들어가야 할까요?

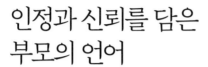

인정과 신뢰를 담은
부모의 언어

행복의 조건이 무엇일까요?

너무 거창하게 들리나요? 예쁜 옷, 좋은 집, 많은 돈이 행복을 보장해주는 것이 아님을 이미 잘 알고 있습니다. 그러나 당장의 의식주 해결이 어려운 가정에서는 좋은 집, 많은 돈이 행복이 조건이 될 수밖에 없습니다. 지금 여러분의 상황은 어떤가요? 기초적인 의식주를 해결한 가정인가요? 그렇지 않은가요? 이것을 먼저 명확히 하고 나면, 부모님 자신의 삶을 조명하는데, 그리고 자녀에게 제공할 울타리를 만드는 데 지침이 될 것입니다.

가정에서 아이들은 언제 가장 행복할까요?

사람은 누구나 자신의 존재를 인정받고 존중받을 때 행복합니다. 지금 자신이 머무는 공간이나 함께 하는 사람들을 신뢰할 수 있을 때, 누군가에게 도움을 청하면 받을 수 있을 때 안녕감을 느끼지요. 사실 대부분의 가정에서 부모님은 아이들의 존재를 인정하고 존중하며 신뢰감과 도움을 주고 있습니다. 그런데 문제는 어른들이 무엇을 제공해주느냐가 아니라 아이들이 어떻게 인식하느냐입니다. 아이들의 인식에 따라 그 울타리의 크기와 영역이 달라진다는 의미입니다.

그런데 그 울타리의 사이즈가 큰지 작은지는 자녀들도 잘 모릅니다. 표현하기 어려운 영역입니다. 울타리가 좁고 힘들고 불안하다는 것을 그저 느낌으로만 알 수 있습니다. 그리고 그것을 행동으로 표출할 뿐입니다. 그러면 부모님은 아이들의 행동을 보고 잔소리를 합니다. 그 잔소리를 들으면 아이들은 더 불안해지죠. 결국 악순환이 이어지면서 울타리는 점점 더 좁고 불편해집니다.

현재의 상태를 누군가가 진단해주기 어렵다면, 이 책으로 울타리의 전반적인 수리와 리셋을 시작해보면 어떨까요? 울타리 리모델링의 도구가 바로 앞에서 살펴본 고마워 4종 세트 고마워 샤워, 고마워 미소, 고마워 안아주기, 고마워 기지개입니다.

올바르게 지지하고 공감해주는 부모의 말하기

아기가 일어서서 첫걸음을 뗀 경이로운 순간을 기억할 것입니다. 한 걸음 떼고 또 한 걸음을 떼면 온 동네가 떠나갈 듯 집 안에 박수 소리가 요란합니다. 아이는 부모님의 밝은 표정과 환호에 힘입어 또 한 발을 더 내딛으려고 노력합니다. 그러다 서서히 편안하게 걸음을 걷는 인간으로 성장하게 됩니다.

한 발 더 내딛다 넘어지거나 소파에 부딪힐 때도 있습니다. 아기가 넘어져서 울고 있으면 어른들은 달려와서 이렇게 말하며 달래줍니다.

"때찌, 때찌, 이 소파 나쁘다. 우리 이쁜이 걷는데, 왜 거기 있어서. 아이고, 우리 이쁜이 우쭈쭈…."

어른들은 아이의 실수를 얼른 만회해주고 아이의 마음을 편안하게 해주기 위해 소파를 때리는 시늉까지 하면서 아이를 지지해줍니다. 그런데 정말 이렇게 하는 것이, 아이에게 올바른 지지와 공감을 표현해준 것일까요?

'소파, 의문의 1패'

소파는 그냥 거기에 있었을 뿐인데 상대의 행동 때문에 '나쁜 소파'가 되어버렸습니다. 말 그대로 이유 없이 혼이 난 것이지요. 부모님의 이런 말이 반복되면 아이의 무의식 속에는 아래와 같은 생각이 자리 잡습니다.

도전과 성공 : "나는 잘 걷게 되었다."
지지와 사랑 : 성공에 대한 부모님의 환호
책임 전가 : 문제의 본질을 회피하고 타인에게 책임 전가하기

긍정과 부정이 모두 동시에 자리 잡습니다. 부모님의 말은 '우리 아이만 옳고 상대는 틀렸다'는 울타리를 만들었습니다. 그래서 부모 노릇이 어려운가 봅니다. 지금까지 부모님이 자녀에게 만들어준 울타리가 어떤 것인지 고민하게 될 것입니다. 하지만 지금까지의 모든 것이 잘못된 것이 아니니 걱정하지 마시기 바랍니다. 지금부터 부모님께서 만들어놓은 울타리를 수리하고 예쁜 꽃들을 가꾸면 됩니다.

마라교주와 하라교주

어떤 아이들이 부모님을 '마라교주'라고 부릅니다. 게임 하지 마라, 마스크 벗지 마라, 친구들과 싸우지 마라, 학원 빼먹지 마라 등 부모님이 하시는 말이 온통 "하지 마!"뿐이라서 그렇답니다.
또 어떤 아이는 부모님을 '하라교주'라고 부릅니다. 마라교주와

반대로 '하라'가 많은 것이겠지요. 마스크 껴라, 선생님 말씀 잘 들어라, 친구들과 사이좋게 지내라, 학원 갔다 와라, 책 읽어라 등입니다. 이 부모님은 아이가 해야 할 것을 일일이 이야기한다고 해서 '하라교주'입니다. 둘 중 어느 교주님이 더 나을까요?

아이들은 둘 다 고개를 절레절레합니다. '하지 마'라는 부정문이니 더 나쁘다고 생각할 수도 있습니다. 그러나 하라교주 역시 아이들에게 부정적이기는 마찬가지입니다. 왜 아이들이 부모님을 이렇게 '교주'라고 부를까요? 아직까지는 자신의 삶에 절대적인 존재이기 때문입니다. 의식주를 모두 책임져주는 존재이니 아이들에게 부모님은 절대자나 마찬가지입니다. 거스를 수 없는 존재입니다. 그래서 아이들은 불편함이나 어려움도 감수합니다.

사람은 스스로의 생각이나 판단, 결정을 따를 때 자발적으로 행동합니다.

'지금 내가 더럽구나. 음, 씻어야겠네. 지금? 아니면 나중에? 그래 지금 하자!'

뇌에 순간적으로 이러한 생각이 떠오르고, 판단과 결정을 내리고 난 후에 행동으로 이어집니다. 그런데 마라교주와 하라교주는 이미 본인들이 생각, 판단, 결정을 다 마친 후에 아이에게 행동하라고 강요합니다. 스스로 판단하고 결정한 게 아닌데 행동만을 강요하니 하기 싫고 귀찮기만 하겠죠.

　사람은 하지 말라고 하는 것일수록 더 하고 싶어지는 것 같습니다. 불안하고 두렵기도 하지만, '금지된 것' 혹은 '금기'를 깨는 행동을 하면 반작용 심리로 도파민이 분비되고 더 많은 쾌감을 얻는다는 학자들의 주장도 있습니다. 그러다 보니 한 번 깨면 또 깨게 되는 현상이 일어나기도 합니다. 마라교주와 하라교주의 금지와 지시의 말은 불편함과 동시에 불안과 긴장감을 주지만, 그것을 깨고 나면 쾌감이 생깁니다. 금지된 것을 하고, 지시한 것을 안 하면 말이죠. 부모와 자녀 사이에 지시와 거부의 반복적인 패턴이 생기기도 합니다. 그러면 어떻게 바꿔 말해야 할까요?

'고마워'로 자존감을 올리기

다음의 3가지 표현을 입 밖으로 소리 내어 말해보세요.

"○○아, 마스크 잘 쓰고 다녀라."
"○○아, 마스크 잘 썼구나."
"○○아, 마스크 잘 썼구나. 고마워."

어떤 느낌이 드나요? '마스크 잘 쓰고 다녀라'는 코로나19 시대의 부모님이라면 아이들의 안전을 위해서 빈번하게 사용할 수밖에 없습니다. 그런데 평소에 아이가 마스크를 잘 쓰든, 대충 쓰든, 깜빡 하든 간에 '마스크 잘 쓰고 다녀라'라는 지시어를 듣는 순간, 아이는 자신이 생각하고 판단해서 결정한 모든 일이 무시당하는 느낌을 받습니다. 부모님의 걱정이 잔소리로 들리는 것이죠.

'마스크 잘 썼구나'는 칭찬의 말입니다. 그 말을 들으면 아이는 자신이 행동한 결과를 부모님으로부터 인정받았다고 생각합니다. 칭찬받을 때 우리는 더 잘하고 싶어집니다. 실제로도 칭찬은 동기를 부여하고 활력이 넘치게 하는 호르몬이 분비된다고 합니다. 그래서 뇌를 고차원적으로 발달시키는 역할을 합니다.

그런데 무조건적인 칭찬은 오히려 독이 됩니다. 내적 동기와 존재감을 공격하기 때문입니다. 칭찬은 무언가를 잘했을 때 돌아오는 것입니다. 외적 요인이 작용해야만 얻을 수 있죠. 그래서 '잘했다'라는 칭찬을 반복하면 자녀에게 '자부심'을 줄 수는 있지만, '자존감'을 올려줄 수는 없습니다. 자부심은 외적 요인에 의해 만들어지고, 자존감은 내적 요인에 의해 만들어지는 것이라 앞에서도 결이 다르다고 설명했습니다. 그래서 '구체적으로 칭찬하라', '과정을 칭찬하라'고 말하는 것입니다. 그러한 칭찬을 들은 아이들은 스스로 감정을 잘 조절할 수 있고, 세상을 긍정적으로 보는 관점을 갖게 되지요.

"과정을 칭찬하는 게 너무 어려워요. 제 눈에 결과만 보일 때가 많은데, 어떻게 과정을 구체적으로 칭찬하죠?"

간혹 이렇게 질문하는 분들이 있습니다. 아이들이 24시간 부모님 옆에만 있는 것도 아니고, 학교생활에서 가져온 결과를 받아들일 때, 무엇을 어떻게 칭찬해야 할지 난감하다는 이야기입니다. 앞에서 위력^{force}과 힘^{power}의 에너지값 차이에 대해 알아보았습니다. 가정에서도 마찬가지입니다. 칭찬을 어떻게 해야 할지 모르겠다면 일단 마지막에 "고마워!" 한마디를 덧붙여보세요.

"○○아, 마스크를 잘 썼구나, 고마워!"

마지막 한마디 "고마워!"는 이 모든 것의 에너지를 이해, 수용, 기쁨의 단계로 올려줍니다. 자신이 결정하고 행동한 것에 대한 지지와 응원이 '고마워'로 되돌아왔을 때 아이들은 자신의 존재를 인정받았음을 느끼고, 스스로를 존중하는 싹을 틔웁니다. 마스크 하나 썼을 뿐인데 부모님이 '고맙다'고 합니다. 그 고마움은 분명 자녀의 안녕을 바라는 부모님의 사랑과 지지입니다. 그 순간 아이들의 내면에 사랑과 지지가 자리 잡습니다.

고마워 교실 이야기 2

  저는 6년간의 육아휴직을 마치고 2018년에 복직해서 5학년을 맡게 되었습니다. 제가 맡은 반은 '아무도' 맡고 싶어 하지 않던 반이었지만 저는 '애들이 다 거기서 거기지 뭐' 하면서 시건방진 말을 했습니다. 그런데 얼마 지나지 않아 저는 너무 힘들어서 매일 울며 불며 출근을 했습니다. 내일이라도 당장 그만둘 거라고, 다 때려치우고 싶다며 열여덟을 입에 달고 다닐 정도였습니다. 심할 때는 호흡곤란이 오고, 급기야 공황장애까지 왔습니다. 매일 화내고 분노하는 제 모습을 자책하며, '나는 자격 없는 선생님이야'라며 스스로를 속으로 나무랐습니다.

  어찌어찌 1년을 버티고 버텨서, 다른 학교로 전근을 했습니다. 다른 학교는 뭔가 다른 비법이 있을 것만 같았거든요. 그런데, 아…, 옮긴 학교도 별반 다르지 않았습니다. 힘들기는 마찬가지였던 것입니다. 저는 제 수업이 재미가 없어서 그런가 싶어서 2년 동안 300시간가량의 엄청난 연수를 들었고, 수업기법에 대해서도 연습하고 노력했습니다. 그런데 그것만이 다가 아니었습니다.

　교실에 필요한 것은 '환대(존재에 대한 감사)'와 '축복(존재에 대한 기도)'의 문화입니다. '교실 감사함 수업'이 바로 그것입니다. 지금 읽고 있는 바로 이 책《고마워 교실》입니다. 존재를 인정받은 아이는 수업이 좀 지루하고 재미없어도 선생님에 대한 존중과 예의를 지키느라 차분하게 들어줍니다. 실제로 쉽게 적용해볼 수 있는 이 방법을 배운 후로, 아이들을 바라보는 관점과 태도가 바뀌었음은 물론이고, 아이들 역시 인생의 많은 부분이 달라졌을 것이라고 확신합니다. 고마워 교실, 정말 고맙습니다.

- 교방초등학교 김근영 선생님

　저 역시 4년간의 육아휴직을 마치고 복직한 후, 초임 선생님처럼 열심히 연구하고 학생들을 지도했습니다. 그러던 어느 날 학급에 문제가 터지면서 한계에 다다랐고 어느 순간 아이들에게 고함을 지르며 "집중!"만 외치는 저의 모습을 발견했습니다. 눈에서는 막 레이저가 나올 듯했죠. 아이들의 이야기는 듣지 않고 제 말만 하는 제 모습에 지쳐갈 때쯤 수석선생님의 '교실 감사함 수업' 연수를 듣게 되었습니다.

　저는 그 수업에서 자신을 바로 볼 수 있어야 하고, 포스가 아닌 파워를 가진 교사가 되려면 에너지값이 높은 '고마워'를 실천해야 한다는 것을 배웠습니다. 수석선생님의 말씀을 들으며 '감사일기'를 처음 쓰기 시작할 때 저 자신이 얼마나 행복했었는지를 되돌아보았습니다.

그 후에 저는 수많은 시행착오를 겪으며 스스로 어색함을 견뎌내고 '고마워' 한마디의 힘을 진심으로 느끼려 노력했습니다. 2021년 새 학기가 시작되었을 때, 저는 '소소함에 감사함을 함께 나누는 따뜻한 교실'을 만들자고 아이들에게 말했습니다. 기쁜 마음으로 시작한 '고마워 교실'에 저희 반 아이들도 금세 적응한 듯합니다. 처음에는 "선생님, 어떻게 해야 해요?", "고마운 게 없는데요." 하던 아이들이 이제는 이렇게 구체적으로 감사를 표현하게 되었습니다.

"선생님을 만난 지 한 달밖에 안 되었지만, 선생님이 좋은 분인 걸 알게 되었어요. 화가 나서도 참고 좋은 말로 대해주셔서 감사합니다."

"제가 잘못했을 때 다시 돌아올 수 있게 기다려주셔서 감사합니다."

어느 날 아이들이 저에게 이렇게 말했습니다. "우리 선생님은 고마워 선생님"이라고요. 저의 마음을 알아주는 아이들에게 저는 좋은 에너지와 감동을 선물받았고 저 또한 성장할 수 있어 감사합니다. '고마워'는 최고의 보험이 아닐까 생각합니다.

- 진동초등학교 김영옥 선생님

Part 3

고마워로 만들어가는
행복 교실

1단계 :
고마워 종합선물세트

모든 배움의 시작은 듣고, 보는 것입니다. 그러면서 따라 말하고 행동합니다. 모방에서 시작하지만 이후에는 스스로 창의적인 행동을 하면서 나아갑니다. 한 번도 들어보지 못한 언어를 스스로 배우고 사용하는 사람은 없습니다. 우선 많이 들어야 합니다. 듣다 보면 익숙해지고, 익숙해지면 스스로 말하게 됩니다. 그다음부터는 학생들이 자신도 모르게 그 단어를 말합니다.

고마워 샤워 : 하루에 100번 고마워 말하기

이렇게 100번 말하기를 결심하지만, 교사 역시 익숙하지 않은 일이라 처음에는 어색하고 쑥스럽고 부끄러운 감정이 듭니다. '뭘 이렇게까지 해야 하나?' 하는 생각이 들기도 하겠지만 그것보다도 어떻게 감사함이나 고마움을 말해야 할지 몰라 그냥 멀뚱멀뚱하게 지나가는 경우도 많습니다. 그럼에도 불구하고 딱 1주일, 아니 2주만 열심히 '하루에 100번 고마워 말하기'를 실천해보세요. 2주일 후에는 '고마워'가 입에 저절로 붙게 되고 더욱 다양하고 적절한 표현들이 생겨납니다.

2주 정도 정말 열심히 실천하다 보면 선생님 스스로가 '고마워 봇'(고마워 로봇)이 된 것 같다고 합니다. 마치 외국어를 배울 때 연습을 너무 많이 해서 옆구리를 꾹 찌르면 바로 입으로 튀어나올 지경이 되는 것처럼 말입니다. 고마워 로봇이 된 선생님과는 달리 아이들은 차츰차츰 선생님과 좋은 에너지를 주고받을 준비가 되어갑니다. 자신이 무엇을 하든 인정해주고 좋아해주는 고마워 로봇이 좋아지기 시작했기 때문입니다. 고마워 교실은 이렇게 서로 인정을 주고받는 것에서부터 시작됩니다. 에너지를 채울 준비를 하는 것입니다.

고마워 샤워는 교사에게 평소 자신의 언어습관을 알아차리게 도와줍니다. "고마워!"라는 말을 언제 사용하는지, 얼마나 하고 살고 있는지를 느끼게 됩니다. 그래서 "고마워!"라는 말을 자주 할 수 있는 습관을 기르는 데 도움이 됩니다.

동료 선생님, 함께해주어 고맙습니다

　학생 입장에서는 처음 만난 선생님이 뭐든지 '고맙다'라고 말하면 고개를 갸웃합니다. 그러나 자신도 모르게 젖어들어 '고마워'라는 말을 하게 됩니다. 이처럼 자연발생적으로 이루어지는 것이 가장 바람직한 '고마워 교실'의 모습입니다.

　그러나 똑같이 '고마워 샤워'를 해도 교실의 변화 속도는 제각각입니다. 모든 존재는 동등하지만 그동안 살아온 삶의 방식과 태도가 다르기 때문입니다. 학생의 에너지값이 다를 뿐만 아니라 교사의 에너지값도 사람마다 차이가 큽니다. '고마워 교실'로 학급을 몇 년 동안 경영해온 교사라면, 이미 몸과 마음이 고마워에 숙달되어 있기에 감사의 에너지값이 큽니다. 아이들의 상황에 적절히 대응할 수 있고, 고마워 샤워기의 온도 조절까지 능숙할 것입니다.

　'옆 반 교실에서는 변화가 확연하게 보이는 데 우리 반은 왜 이렇게 더디지?'

　이렇게 생각할 필요가 없습니다. 선생님 자신의 에너지값도 올리고 아이들의 에너지값도 올리면서 교실에서 기쁨을 찾아가기 위해 노력하면 됩니다. 단언컨대 하루하루 실천하고 노력하다 보면, 어느새 그 지점에 도달합니다. '고마워'가 가져다주는 좋은 에너지는 교실 현장에서만이 아니라 삶의 현장까지 바꿔줍니다. 깨어 있는 내내 좋은 에너지를 확장하고자 하는 경향성이 생기기 때문에 더디더라도 시간이 지나면 분명히 변화를 느낄 수 있습니다.

먼저 1~2주 정도 교사가 고마워 샤워를 시작하면서 아이들에게도 감사함을 표현하는 방법을 연습할 수 있도록 도와주어야 합니다. 또한 기회도 주어야 합니다.

"선생님이 개학하고 1주일간 너무 많은 일을 했더니 조금 지쳤어요. 여러분의 힘을 선생님에게 보태어줄래요? 오늘은 여러분이 선생님에게 위로와 따뜻한 말을 해줄 수 있을까요? 선생님한테 고마웠던 점을 하나씩만 말해주면 정말 고맙겠어요! 언제든지 와서 이야기해주세요."

이렇게 아이들에게 적당히 요구할 수 있어야 합니다. 어쩌면 정당한 요구입니다. 선생님의 귀여운 요구가 아이들에게 연습할 기회를 주니까요. 아이들이 먼저 선생님께 "고맙습니다."라는 말을 자주 사용하게 되고, 익숙해지면 친구들끼리도 서로 "고마워!"라고 말하는 데 큰 도움이 됩니다.

고마워 기지개 켜기

"고맙습니다. 감사합니다."

이렇게 소리를 내면서 기지개를 켜주세요. 이것이 '고마워 기지개 켜기'입니다. 고맙다는 말을 자신에게 들려주는 과정입니다. 그리고 몸으로도 그 고마움을 함께합니다. 잠들기 전에 일기 쓰듯이 오늘의 감사한 점을 떠올리고, "감사합니다. 고맙습니다."라고 말해봅니다. 하루 동안 감사한 것이 정말로 하나도 없었던 날도, 그냥 오늘 하루가 끝났으니 잠을 자야겠다 하는 순간에도 아무 이유 없이 "감사합니다. 고맙습니다."라고 말하는 것입니다.

그리고 아침에 눈 뜨고 기지개를 켤 때도 잠들기 전과 마찬가지로 "감사합니다. 고맙습니다."를 말해봅니다. 감사함과 함께 잠에서 깨어나는 연습입니다. 아이들도 스스로 상큼하게 하루를 시작할 수 있도록 연습하는 단계입니다. 또한 수업 중간중간에 아이들과 함께 고마워 기지개를 켬으로써 큰 나의 흰 늑대에게 먹이를 줍니다(이 내용은 210쪽을 참고해주세요).

1일 5회 거울 보고 미소 짓기

활짝 웃어보세요. 웃을 일이 없다고요? 그냥 미소 지으면 됩니다.

거울을 보고 미소 짓는 자신의 얼굴을 기억하세요. 얼굴을 '얼을 담는 굴'입니다. 우리의 정신이 들어 있지요. 그래서 빛을 비춰주어야 밝게 빛납니다. 우리는 깨어 있는 동안 참으로 감사한 순간들을 자주 만납니다. 수업 중에도, 공부하다가도, 친구들과 이야기하거나 밥을 먹다가도, 순간순간 감사함을 느끼며 미소 지어보세요. 치아가 보일 정도로 활짝 웃으면 더욱 좋습니다.

저는 꼭 좋은 순간이 아니어도 항상 웃는 연습을 합니다. 대부분의 사람은 평소에 무표정한 얼굴입니다. 꼭 화가 났다거나 기분 나쁜 일이 있어서가 아닌데도, 시큰둥하고 딱딱하게 굳어진 표정입니다. 앞에서 말했듯이 무표정은 긍정도 부정도 아닐 수 있겠지만, 에너지로 보면 부정적인 에너지에 가깝습니다.

누군가의 무표정하고 뚱한 얼굴을 볼 때 어떤 느낌이 드나요? 편안하다와 불편하다, 둘 중 하나를 고른다면요? 당연히 불편하다일 것입니다. 그래서 무표정은 부정의 에너지입니다.

말에도 힘이 있고 에너지가 있습니다. 우리는 얼굴 표정만으로도 좋은 에너지를 만들 수 있습니다. 이것은 잘생기고 못생기고의 문제가 아닙니다. 밝은 빛이 있는가 없는가의 문제입니다. 스스로 빛을 만드는 방법 또한 흰 늑대에게 먹이를 주는 일입니다.

거울을 보면서 매일 미소 짓는 연습을 해보세요. 거울을 보면서 연습하라고 하는 것은, 가장 환한 자신의 얼굴을 기억하기 위해서입니다. 가장 환하고 예쁘게 웃는 자신의 얼굴이 뇌 속에 기억될 겁니다.

고마워 알림장 쓰기

"학부모님, 새 학년이 되어 적응하느라 애쓴 우리 반 아이들이 씩씩하게 학교 잘 다녀줘서 정말 고맙습니다. 부모님들께서도 고마움을 전하는 말 한마디와 함께 아이들을 안아주세요. 감사합니다."

선생님이 '고마워'를 말하고, 아이들이 '고마워'를 인식했다면 이제는 '고마워 알림장 쓰기' 차례입니다. 아이들은 알림장의 내용을 읽고 쓰는 주체입니다. 알림장은 아이들만 보는 것이 아닙니다. 학부모님도 읽죠. 알림장으로 교실의 감사함을 가정으로 전달할 수 있습니다.

교실수업은 학생을 교육하는 곳이지만 학생의 이면에는 그림자처럼 학부모님이 함께 합니다. 알림장에 적힌 감사글 한 줄은 부모님에게도 따스함을 채워줍니다. 그 에너지는 그대로 아이들에게 전달되고 교실로 되돌아오게 되죠. 부메랑처럼 말입니다. 학부모님이 '고마워 알림장'을 읽고 함께 따스한 에너지를 만들면 자연스럽게 학생, 교사, 학부모 간에 신뢰와 존경이 만들어집니다.

처음에는 아이들이 약간 귀찮아합니다. 알림장에 감사글 한 줄을 추가로 써야 하기 때문입니다. 만약 고마워 알림장 쓰기에 대해서 아이들이 부정적인 에너지를 보내는 경우가 있다면 이렇게 말해주세요.

"이건 선생님이 너희들에게 고마운 것을 적은 것이지만, 집에 계신 부모님들도 꼭 보셨으면 하는 마음이야. 그래서 너희들이 쓸 수 있는 가장 예쁜 글씨로 정성껏 쓰면 더욱 좋겠지요. 너무 고마워요."

처음에는 한 문장을 더 적는 것이 귀찮고 싫어서 투덜거리던 아이들이었지만 매일 적다 보면 변화가 일어납니다. 알림장에 쓰려면 선생님의 감사 글을 읽어야 합니다. 감사일기를 쓰라고 강요하지 않아도, 자연발생적으로 배우고 익히게 되는 과정이죠. 그러다 보면 어느새 알림장에 자신의 느낀 감사함을 적는 아이들도 생겨납니다. 이렇게 알림장에 활용하는 것은 수업이나 생활 속에서 고마움을 찾고 느끼기 위한 준비과정이 됩니다.

> **고마워 알림장 쓰기 예시**
> ○ 수학 시간에 여러 가지 모양으로 규칙을 잘 만드는 우리 2반 감사
>   천사님, 감사합니다. 고맙습니다.
> ○ 답답할 텐데도 마스크를 바르게 착용하고 열심히 공부하는 우리
>   2반 감사 천사님, 감사합니다. 고맙습니다. 사랑합니다.
> ○ 협동의 미덕을 빛내며 피구경기에 즐겁게 참여한 우리 아이들 고맙
>   습니다. 감사합니다.

학부모님은 알림장 속 감사의 글 한 줄에서 아이들이 학교에서 어떤 공부를 했는지도 발견할 수 있습니다. 부모님은 아이들의 학교생활을 유추할 수 있고, 자녀와 대화할 거리가 생깁니다. 일석이조의 효과죠. 알림장은 등교수업, 원격수업에 따라 달라질 수 있을 겁니다. 아이들의 공책에 작성하는 알림장 외에도 학교 홈페이지, 학교종이 앱, e-학습터, 학급 밴드 등 선생님이 쓰기 편한 곳을 이용하면 됩니다. 학생, 학부모님과 소통하는 공간이라면 어디든 괜찮습니다. 아이들을 향한 선생님의 따스한 고마움이 담긴 한 줄이면 됩니다.

1단계 : 고마워 종합선물세트

1. 고마워 샤워

1일 100번, 교사의 '고마워' 말하기로 아이들에게 '고마워 샤워'를 시켜
주세요. '고마워'라는 말을 많이 들어야 아이들이 말할 수 있게 됩니다.

2. 고마워 기지개

잠들기 전에 오늘의 감사한 점을 찾아 말해보세요. 눈 뜨자마자 고마워
기지개를 켜고 아침을 행복하게 시작해봅니다. 큰 나를 감사에너지로
채우는 시간입니다.

3. 고마워 미소

얼굴은 얼이 담긴 곳입니다. 치아가 보일 정도로 환하게 미소 지으며 생
활하세요. 하루에 3번 이상 거울을 보면서 미소 짓는 연습을 해주세요.

4. 고마워 알림장 쓰기

아이들이 알림장에 선생님이 보내는 감사함의 글을 적을 수 있도록 해
주세요. 선생님의 '감사 한 줄'을 읽고 따라 쓰다 보면 아이들은 자연스
럽게 고마움을 찾고 느끼는 법을 배웁니다. 부모님이 읽고 함께 따스한
에너지를 만들면서 자연스럽게 신뢰와 존경이 만들어집니다.

* 고마워 교실 1단계는 1년 동안 반복적, 지속적으로 이루어지도록 합니다.

2단계 :
소소감 찾기 놀이

'때문에'와 '덕분에' 중 어느 쪽을 더 자주 쓰나요? '때문에'는 원인과 결과의 인과관계에 사용하는 단어로 부정문이든 긍정문이든 상관없이 쓸 수 있는 표현입니다. 반면 '덕분에'는 누군가가 베풀어준 은혜나 도움을 뜻하는 단어로, 뒤에 따라오는 말이 긍정의 의미여야 합니다.

종소리 때문에 수업시간에 맞추어 들어올 수 있어 고맙습니다.
종소리 덕분에 수업시간에 맞추어 들어올 수 있어 고맙습니다.

같은 의미이지만 받아들여지는 느낌이 다릅니다. '종소리 때문에'라고 들으면 뒤에 어떤 결과가 올지 알 수 없습니다. 종소리 때문에 힘들었다고 할 수도 있으니까요. 그러나 '종소리 덕분에'는 이미 '덕분에'로 인해 뒤에 이어지는 문장이 따뜻하고 긍정적일 것으로 생각됩니다. 생각과 말은 함께 움직입니다. '덕분에'라는 말을 많이 사용하면 감사에너지를 쌓을 수 있습니다. 글을 쓸 때도 가급적이면 '덕분에'로 표현해보길 권합니다.

다양한 관점에서 감사함 찾기 놀이

세상에 당연한 것은 없습니다. 다양한 관점에서 바라보아야 당연함에서 벗어나 감사함을 찾을 수 있습니다. 아이들이 평소에 감사하게 느끼는 것들은 모두 일상의 범주 안에 있습니다. 친구들과 함께 감사함을 찾는 과정에서 주변 세상을 다양한 시선으로 바라볼 수 있다는 것을 알려주어야 합니다. 삶의 감사함을 잘 찾아내고 행복을 누리기 위해서 이것 또한 잘 배워두어야 합니다. '관점의 다양화'는 창의성 개발의 기반이기도 하니까요. 학급에서 친구들과 함께 최대한 많은 감사함을 찾아보고, 그것을 공유하는 시간을 가져봅니다.

① 교사가 제시한 감사함 주제 숙지하기.

② 5분 동안 짝과 함께 교실 공간을 다니면서 주제에 맞는 감사함 10가지 찾아서 적기.

③ 짝을 바꾸고, 새로운 짝에게 이전 짝과 찾은 감사함 공유하기.

④ 새로운 짝과 5분 동안 감사함 찾기 활동하기.

⑤ ①부터 ④까지 짝 활동 반복해서 진행하기. 함께 찾아낸 감사함을 공유해서 극대화하기.

⑥ 짝 활동을 마친 후 학급 전체가 공유하기 위한 '감사함 빙고놀이' 하기.

이 놀이의 목적은, 감사함을 더 많이 찾을 수 있도록 다양한 관점을 갖게 하는 것입니다. 선생님은 아이들이 사소한 감사함을 찾더라도 격려하고 칭찬해주세요.

감사함 찾기 10가지 주제

우리 주변에는 감사할 상황이 넘쳐납니다. 다만 모르고 지나칠 뿐이죠. 아이들에게 볼 수 있도록, 찾을 수 있도록 해주면 좋겠습니다. 예를 들어 자연, 가족, 예술, 시간, 사물, 친구, 선생님, 여러 직업종사자, 집, 옷, 음식, 시설, 이웃, 책, 공공시설, 깨달음, 물질, 꿈, 소망 등 정말 다양하게 접근해볼 수 있습니다.

1. 자신에게 감사하기

감사함으로 제일 먼저 해보면 좋은 것은 자기 자신에 대한 감사입니다. 우리 자신이 행복해야 주변도 행복해집니다. 감사함으로 얻어지는 것이 자신의 파워에너지와 자존감 등으로 발현될 수 있도록 자신에 대한 감사함을 익혀나가도록 합니다. 진로교육이나 자기탐색 수업에 활용하면 좋습니다.

아이들이 제일 먼저 찾아내는 것은 '몸'과 '건강'에 대한 것입니다. 뇌가 있어서 감사하다, 걸을 수 있어서 감사하다, 먹을 수 있어서 감사하다 등, 우리가 일상에서 누리고 있는 것에 대한 감사함을 찾아냅니다. 그다음에 자신이 노력하고 있다는 것에 감사하고, 미덕을 잘 실천하고 있는 것에도 감사함을 표현합니다. 그리고 이렇게 감사한 것을 찾을 줄 아는 것에도 감사하게 생각합니다. 몸과 정신이 건강해서 감사하다는 것을 찾아내고 느낌으로써 아이들은 스스로를 건강한 인간으로 인식합니다.

건강한 눈 덕분에 볼 수 있어 감사합니다.

건강한 눈 덕분에 파란 하늘도 볼 수 있어 감사합니다.

건강한 눈 덕분에 편하고 안전하게 다닐 수 있어 감사합니다. 고맙습니다.

자신에 대한 감사함을 표현할 때도 위의 예시처럼 구체적으로, 그리고 '덕분에'라는 단어를 활용해 말하거나 쓰도록 하는 것도 감사언어 연습에 도움이 됩니다.

2. 자연과 지구에 감사하기

물이나 공기를 감사하게 생각하며 사나요? 우리가 존재 자체를 당연하게 여기는 것들이 사실은 전혀 당연한 것이 아닙니다. 자연이 우리에게 무상으로 제공해주는 것으로, 세상 무엇보다 감사한 것들입니다. 자연과 지구에 대한 감사함을 찾다 보면 현재 우리가 겪고 있는 기후위기 문제에 대한 인식도 절실해집니다. 환경이나 기후위기 대응교육과 연결 지어 감사함 찾기 놀이를 활용하면 좋겠습니다.

3. 공간에 감사하기

우리가 살아가는 공간은 참으로 다양합니다. 집, 학교, 직장은 물론이고, 공원이나 카페처럼 사람마다 개인적으로 좋아하는 제3의 공간도 존재합니다. 공간에 감사한 점을 찾아보는 것은 그러한 공간에서 어떻게 생활할 것인가를 생각하게 해주는 활동입니다. 어떤 공간이든 존재하는 이유가 있다는 사실을 깨닫게 됩니다. 생활하는 공간에 대해 관심과 애정을 가질 수 있도록 도와주는 활동입니다.

4. 가족 구성원에게 감사하기

가족은 우리가 세상에 태어나서 처음 만나는 사회입니다. 살면서 경험하게 될 사회생활의 기초와 기본을 미리 배우고 익히는 곳이기도 합니다. 누구도 태어나는 곳을 선택할 수는 없습니다. 그러니 어쩌면 가족은 숙명으로 연결된 사회인지도 모릅니다. 현대 사회의 가정은 다양한 형태로 존재합니다. 부모님과 형제자매가 함께 사는 가정도 있지만 편모나 편부, 조손 가정도 많습니다. 지역사회 쉼터에서 많은 시간을 보내는 경우도 있죠. 그래서 꼭 혈연관계의 직계 '가족'이라고 표현하기보다 함께 생활하고 도움을 주고받는 주변 사람들에 대한 감사함을 찾을 수 있도록 안내하는 것도 좋습니다.

그런데 주의할 점이 있습니다. 간혹 가정에서 아동학대가 일어나고 있다면 어떻게 해야 할까요? 부모님에 대한 무조건적인 감사함을 강조하다 보면 아이들에게 행해지는 억압과 학대가 정당화될 수 있습니다. 이 점은 특히 주의해야 할 부분입니다. 그래서 교사는 가족 구성원에 대한 감사함을 찾는 놀이를 할 때 학생의 심리상태나 현재의 생활환경에 대해 주의 깊게 관찰해야 합니다.

고마워 교실은 아이들에게 밝은 에너지와 행복을 전해주기 위한 것입니다. 이렇게 고마워 교실을 잘 운영하다 보면 아이들은 자기 자신에 대한 감사와 사랑을 느끼고, 가족에 대한 감사함도 새삼 느낍니다. 이 모든 것이 서로 어우러지면 인생에서 어려움을 만날 때마다 어떻게 대처해야 할지 스스로 고민하고 길을 찾아가게 됩니다.

5. 친구 및 다양한 인간관계에 감사하기

사람을 어떻게 대할까? 인간관계는 어떻게 맺을까? 사회구성원으로 살아가려면 누구나 한 번쯤 할 수밖에 없는 고민입니다. 친구나 인간관계에서 감사함을 찾는 활동은, 친구를 존재로서 인정하고 상호협조적인 관계를 맺을 수 있도록 도와주는 활동입니다.

물론 이것 역시 억지로 하면 역효과를 가져올 수 있습니다. 친구와 상호작용하는 수업을 마치고 나서 그 친구에게 감사한 점 찾기를 해보세요. 이때 아이들은 더 깊이 감사를 느끼고 표현합니다. 이처럼 타이밍을 잘 맞추어 감사 찾기 활동하면 훨씬 풍성하고 즐거워질 것입니다. 어느 날 갑자기 뜬금없게도 '친구의 감사한 점을 찾아봅시다' 하는 식의 활동은 바람직하지 않습니다. 체육 활동, 짝 활동, 모둠 활동 등 친구들과 상호작용을 한 후에 해보길 권합니다.

6. 생활도구에 감사하기

인류가 도구의 인간으로 진화한 만큼, 현대인은 정말 다양한 생활도구를 사용합니다. 가정에서 사용하는 세탁기, 냉장고, 건조기, 전기밥솥 등 가전제품만 해도 우리의 삶을 얼마나 풍요롭게 만들어주는지 알 수 있죠. 그런 것을 생각하다 보면 그것을 발명한 사람까지도 감사해지고 연결이 만들어집니다. 학교에서도 마찬가지입니다. 찾아보면 정말 다양한 생활도구와 연결된 감사함 찾기 활동으로 해볼 수 있습니다. 또한 다양한 교과수업 속에 등장하는 사물들을 연결 지어 학습할 수도 있습니다.

① 생활도구의 감사한 점과 그 이유를 찾아 감사하기.
② 생활도구와 연결된 것을 더 많이 찾아서 감사하기.
  (샤워기 ⇨ 샤워기 개발자 ⇨ 물 ⇨ 수도시설 ⇨ 정화시설 등)
③ 생활도구의 문제점이나 더 발전시킬 수 있는 방법 찾기.
④ 생활도구를 잘 활용하고, 현상을 잘 관찰하고, 문제점이나 발전방안을 찾은 자신에게 감사하기.

7. 교육 및 배움 감사하기

교육과 배움은 사람을 성장시키는 동력입니다. 아이들은 매 순간 배웁니다. 새로운 지식을 탐색하고 배울 때, 그러한 배움을 기록하면서 감사함을 느끼고 표현하도록 해봅니다. 현장 체험활동을 다녀왔을 때라든지, 프로젝트 수업이 끝날 때, 무언가를 새롭게 배우거나 그 주제에 대해 흥미가 생길 때, 그 순간의 감사함을 말이나 글로 표현해보면, 아이들은 배움과 학습에 대한 흥미와 관심을 좀 더 지속적으로 가질 수 있고 증대시킬 수 있습니다.

8. 사회 제반 시설에 감사하기

현대 도시인은 다양한 사회 제반 시설을 이용하면서 살아갑니다. 집 밖을 나서면 보이는 도로, 신호등, 공원은 물론이고 도서관, 터미널, 기차역 등 다양한 시설들이 존재합니다. 사회 제반 시설에 대한 감사함을 찾으려면 어떻게 해야 할까요? 먼저 우리가 살아가고 있는 지역이나 도시가 어떻게 구성되어 있고 돌아가고 있는지 유심히 살펴봐야 합니다. AI와 로봇, 자율주행차 등이 눈부신 속도로 발전하고 있습니다. 미래사회를 구성할 제반 시설들 역시 지금까지와는 전혀 다른 방식으로 펼쳐질 것입니다. 기후위기의 측면에서 생각해볼 수도 있고. 데이터 기반 산업에 관련된 새로운 아이디어를 찾아보는 감사함 찾기 수업을 진행해보면 어떨까요? 아이들이 세상을 좀 더 넓고 깊게, 멀리까지 보는 시각을 키울 수 있습니다. 사회 제반 시설에 대한 주제 역시 생활도구 감사함 찾기에서 제시한 4단계를 순서대로 진행해보고, 교과수업에서도 다양하게 연결할 수 있습니다.

9. 의식주에 감사하기

의식주는 생활의 기본입니다. 그래서 감사하게 생각하기보다는 당연함이 앞서죠. 의식주 감사하기는 이러한 당연한 마음을 감사함으로 전환시켜주는 활동입니다. 의식주에 대한 감사함은 과소비나 기후위기와 관련하여 고민해보고 스스로 어떻게 행동해야 할지 고민해보는 시간이 됩니다.

예를 들어, 음식에 패스트푸드가 있듯이 의류에도 패스트 패션이 유행입니다. 패스트 패션은 어떤 문제를 일으킬 수 있을까요? 이런 식으로 의식주와 관계된 것들을 생각해보고 지구와 환경에 대한 관심을 가져볼 수 있습니다. 앞에서 예로 든 패스트 패션은 저개발국 노동력 착취라든가, 무분별한 염색·가공에 의한 환경오염, 온실가스 배출 등의 문제를 발생시킬 수 있습니다. 이러한 일들이 어떻게 일어나는지를 알아보고 해결할 방법을 찾아보면 어떨까요? 에너지, 물, 화학물질, 운송 등 분야별로 나눠 문제를 살펴볼 수 있습니다.

이런 문제들을 고민하고 토의하다 보면 아이들은 미래의 소비자로서 산업과 소비에 대해 다시 생각해볼 수 있습니다. 스스로 환경을 파괴하는 제품을 선택하지 않았다는 데서 자긍심을 느낍니다. 이처럼 의식주에 대해 다시 생각해보는 활동은 다시 자신에 대한 감사함으로 선순환됩니다.

주택에 대해서도 생각해볼 수 있습니다. 요즘 에너지 제로 주택이 늘어나고 있는데, 이것은 시대적 요구이기도 합니다. 집에 대한 감사함을 찾고 느낄 때도 에너지 문제를 함께 공부하고 스스로 에너지를 절약할 방안을 고민해보는 것입니다.

10. 시간에 감사하기

시간이라는 것은 한정적입니다. 누구에게나 똑같이 하루 24시간이 주어집니다. '시간을 얼마나 잘 활용하는가?'는 '자기주도적인 삶'과 직결됩니다. 예를 들어 아이가 '1시간 수학 공부하기'라는 계획을 세우고 스스로 잘 지켰습니다. 그러고 나면 아이는 그 시간이 주어진 것에 감사하고 또 열정적으로 공부한 자신에 대해서도 감사하게 생각할 수 있습니다. 게임을 좋아하는 아이라면, 게임할 시간이 주어진 것에 감사하고, 약속한 시간만큼만 게임을 하고 멈출 수 있는 자신에 대해서도 감사할 수 있습니다.

'타이밍'이라는 것도 있습니다. 집에 딱 들어왔을 때 타이밍 좋게 치킨이 배달되어왔다면 얼마나 행복한가요? 이런 순간에도 감사함을 표현할 수 있습니다. 타이밍이 잘 맞아떨어져 기뻤던 여러 순간들은, 찰나의 순간이지만 그 순간의 즐거움을 잘 쪼개어서 감사할 수 있습니다. 그리고 그러한 짧은 순간에 일어나는 일은 대체로 행운의 요소가 포함됩니다. 스스로 노력해서 이루어진 것은 아니지만 행운이 따른 일이니까요. '와, 나는 정말 운이 좋다' 하는 생각을 자주 하면 그것이 곧 감사함으로 이어지고, 더 많은 감사를 계속 찾아가게 만드는 동력이 됩니다.

미리 고맙습니다

'미리 고맙습니다' 활동은 자신이 원하는 것이 마치 '이미 다 이루어진 것'처럼 감사함을 표현하는 것입니다. 내일 일어날 일이지만 어제나 오늘 다 이룬 것처럼 현재 시제로 작성합니다. 감사할 일을 세상에 대고 미리 요청하는 것이지요. 그런다고 다 이루어질까요? 물론 아닙니다. 그러나 대부분은 이루어집니다. 스스로 그것을 결정하고 미리 감사하다고 요청하는 절박함이 있기 때문입니다. 또한 입 밖으로 그 말을 꺼내고 나면, 우리의 뇌는 그것을 향해 움직이도록 지시합니다.

미리 고마워한다는 것은, 자신이 원하는 것을 이루게 해달라고 세상에 요청하는 것입니다. 아직은 머릿속에만 있는 생각이지만, 원하는 것을 입 밖으로 꺼내거나 글로 표현하면 행동이 만들어집니다. 아이들에게 당장 내일 해야 할 일부터 먼 미래의 꿈이나 소망들까지도 다 이룬 것처럼 미리 감사함을 말해보거나 적어보라고 해보세요. 내일 할 일을 미리 감사했을 때 그리고 그것이 이루어졌을 때 아이들은 작은 성취감을 여러 번 맛볼 수 있습니다. 자신이 하고자 한 일들이 잘 이루어지고 있다는 것을 느끼고 확인할 수 있기 때문에 더욱더 긍정적인 에너지를 갖고 생활할 수 있습니다. '미리 고맙습니다' 활동은 진로교육에 함께 활용하면 좋습니다.

소소감, 행운을 담는 감사일기 쓰기

감사일기는 일반적인 생활일기와 비슷한 점도 있고 다른 점도 있습니다. 생활일기는 하나의 주제에 대해 에세이 형식으로 쓴다면, 감사일기는 하루 동안 있었던 여러 가지 감사한 일을 잘게 쪼개어 작성합니다. 세세하게 나누어 구체적으로 쓸수록 효과가 좋습니다. 그리고 이러한 감사의 기록이 여기저기 아무 데나 흩어져 있지 않도록 감사 일기장을 한 곳으로 정해서 거기에만 쓰는 것이 좋습니다.

1. 고마운 일들을 잘게, 여러 개로 쪼개어 기록하기

너무 큰 덩어리는 먹기도 불편하고 예쁘지도 않지요. 맛있게 잘 먹을 수 있도록 예쁘게 조각을 내면 먹기도 편하고 즐거움도 배가 됩니다. 이처럼 감사함도 잘게 쪼개어 볼 필요가 있습니다. 크게 보면 감사함이 하루에 하나밖에 보이지 않을 수 있습니다. 그러나 잘게 쪼개어서 현미경으로 들여다보듯 살펴보면 매 순간 감사한 일이 얼마나 많은지 알게 됩니다.

고마움을 잘게 쪼개어 개수를 늘려보세요. 기쁨의 수도 늘어납니다. 늘어난 감사의 개수만큼 긍정과 기쁨의 에너지도 올라갑니다. 크게 보면 이러한 활동이 삶의 회복 탄력성을 높여줍니다.

1단계 : 엄마가 아침에 샌드위치를 만들어주셔서 고맙습니다. 감사합니다.

2단계 : 출근 준비로 바쁘신 엄마가 내가 좋아하는 샌드위치를 만들어주셔서 고맙습니다. 감사합니다.

3단계 : 계란과 햄이 든 샌드위치를 제일 좋아하는데, 오늘 아침을 내가 제일 좋아하는 샌드위치로 시작하게 되어 기분이 좋습니다. 엄마가 만들어주신 즐거운 식사 고맙습니다. 감사합니다. 엄마에게 샌드위치 만들어주셔서 고맙다고 표현하는 나도 고맙습니다. 감사합니다.

아침에 샌드위치를 먹게 되어 감사합니다. 이 일을 쪼개어 보면 엄마에 대한 고마움과 좋아하는 샌드위치를 먹게 되어 기쁜 감정의 고마움으로 구분할 수 있습니다. 여기에 더해 그 고마움을 표현한 자기 자신에 대한 감사함까지 더해집니다. 처음에는 샌드위치 하나만 고마웠는데, 나누어보니 엄마, 샌드위치, 자기 자신까지 고마움을 느끼고 표현할 대상이 늘어납니다. 이렇게 감사한 점을 쪼개어 찾다 보면 생활 속에서 순간순간의 기쁨을 제대로 음미할 수 있어 행복감이 더욱 커집니다.

2. 감사의 기록을 한곳에 모으기

일기장도 좋고, 공책도 좋습니다. SNS나 스마트폰 메모앱도 좋습니다. 자신이 좋아하는 방식이면 다 좋습니다. 대신 한 가지 지켜야 할 점은, 감사의 기록을 한곳에 모아두라는 것입니다. 기록이 누적될 때 감사에너지도 증폭합니다. 감사의 기록을 모아놓고 보면 자신이 얼마나 감사함을 잘 느끼고 표현할 수 있는 사람인지 깨닫습니다.

기록할 때 중요한 것은 날짜를 쓰는 것입니다. 하나 덧붙이자면 횟수도 함께 기록해주세요. 감사일기에 번호를 붙여나가면 지속성을 발휘하는 데 도움이 됩니다. 예를 들어 100번째 혹은 300번째 감사일기를 쓴 날은 스스로에게 작은 선물로 축하해주는 것도 좋겠죠?

3. 시선을 바꾸어가면서 작성하기

매일 완전히 새로운 일들이 벌어지는 사람은 거의 없습니다. 우리의 일상은 반복되는 패턴과 같은 것이죠. 그래서 감사일기에 등장하는 인물과 장소도 한정될 수밖에 없습니다. 이럴 때는 매일 다른 주제를 정해서 감사일기를 작성해보면 좋습니다.

'나'를 중심으로 일상의 고마움 10개 이상 찾기.
'하루'라는 시간에 관한 고마움 10개 이상 찾기.
사물에 대한 고마움 10개 이상 찾기.
공간에 대한 고마운 10개 이상 찾기.
오늘 만난 사람에 대한 고마움 10개 이상 찾기.

이렇게 주제를 정하고 감사함을 생각해보는 방법도 있습니다. '빨래'라는 주제에 대해서도 빨래를 열심히 한 나 자신, 빨래를 도와준 세탁기, 물, 수도시설 등에 감사함을 전할 수 있습니다. 이처럼 대상을 바꾸어 접근해보면 고마움에 대한 관점도 다양해지고 생각과 사고방식도 유연해집니다.

2단계 : 소소감 찾기 놀이

1. '덕분에' 높임말

감사함의 이유에 대해 '때문에'가 아닌 '덕분에'를 붙여서 말해보세요. "덕분입니다. 고맙습니다."처럼 '덕분에'와 '높임말'을 써서 감사함을 전하세요.

2. 다양한 관점에서 감사함 찾기 활동 : 수업연계활동

짝 이동 활동을 통해 각자 찾아낸 감사함을 공유해주세요.

3. 감사함 찾기 10가지 주제

1) 자신에게 감사

2) 자연, 지구에 감사

3) 공간에 감사

4) 가족 구성원에 감사

5) 친구 등 다양한 인간관계에 감사

6) 생활도구에 감사

7) 교육, 배움에 감사

8) 사회제반 시설에 감사

9) 의식주에 감사

10) 시간에 감사

고마운 이유를 구체적으로 찾고 공유하세요. 감사한 대상을 주의 깊게 관찰하고 자신의 생활과 연결시켜 감사함의 구체적인 이유를 찾아봅니다. 다양한 생각을 포용하고 관점을 바꿔 생각해볼 수 있도록 도와주세요.

4. 미리 감사합니다

미래의 꿈과 소망에 대한 감사함을 현재 시제로 이미 다 이루어진 것처럼 감사함을 표현해보세요.

5. 소소감, 행운을 담는 감사일기 쓰기

감사할 항목들을 잘게 쪼개어서 작성하고, 소소감으로 감사에너지를 증폭시켜주세요.

* 고마워 교실 2단계의 방법들은 수업이나 여러 활동에 '감사 찾기 놀이'를 포함시켜서 실천해보는 것도 좋습니다.

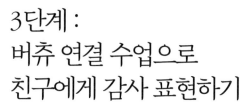

3단계 :
버츄 연결 수업으로
친구에게 감사 표현하기

'버츄virtue 프로젝트'는 52개의 미덕 언어로 운영되는 프로그램입니다. '미덕'이란 인간 내면에 잠재한 위대한 힘이자 모든 인간이 추구하는 행복과 성공의 열쇠입니다. 동서고금 어느 사회에서나 높이 받드는 가치이자, 인류사회를 관통하는 보편적 가치죠. 때문에 고마워 교실 운영에도 도움이 됩니다. 버츄 프로젝트 자체만으로도 아주 훌륭한 프로그램이라서, 모든 과정을 익힐 수 있다면 큰 도움이 될 것입니다. 그러나 모든 것을 익히기 어렵다면 '고마워 교실' 운영 프로그램 속에 녹여 활용해볼 수 있습니다.

사람의 언어와 생각은 필연적으로 서로 영향을 주고받습니다. 어떤 언어를 사용하는가에 따라 행동도 달라지죠. 미덕의 언어를 활용하면 언어의 품격을 더 깨끗하게 정제시킬 수 있고 사고의 패턴도 유연하게 바꿀 수 있습니다.

소소감 찾기 놀이 중 '친구'에 대한 고마움을 찾는 과정을 예로 들어보겠습니다. 감사함 속에 녹아 있는 다양한 미덕도 함께 찾아볼 수 있습니다.

"친구야, 고마워!" 말하기

선생님이나 부모님께 고마움을 전달하는 것은 금방 배우고 익힙니다. 그러나 같은 반 친구들에게는 "고마워!"라고 말하는 것이 어렵다고 합니다. 물론 평소에 친하게 지내는 친구에게는 여러 번 말할 수 있죠. 그런데 친하지 않은 아이들과는 그런 말을 하려고 하지 않습니다.

친구들에게 "고마워!"라고 말하는 이 활동에는 목적이 있습니다. 아이들 사이에 누구 한 사람도 노바디를 만들지 않기 위함입니다. 처음에는 많이 어색해합니다. 그리고 장난스럽게 "고마워!"를 입 밖으로 내던지듯이 말하기도 합니다.

허공에 대고 "고마워!"를 10번 외치는 아이들도 있습니다. 그리고 깔깔깔 웃습니다. 그러면 어떻습니까? 허공에 대고 고마워라는 말을 할 수 있다면 언젠가는 친구를 향해서도 '고마워'라고 말할 것입니다. 고마워는 기쁨의 에너지값을 가졌습니다. 고마워라고 말하는 순간 그저 웃게 됩니다. 고마워 안에는 미안함, 이해, 수용, 통찰 등이 들어 있습니다.

주중에 요일을 정해서 '고마워 데이'를 만들거나 1주일간 '고마워 주간'을 운영하는 것도 좋습니다. 시간이나 기간을 정해두고 아이들에게 "고마워!"를 하루에 10번씩 말할 수 있도록 미션이나 놀이를 만들어주세요. 꼭 고마운 것이 아니어도 고맙다고 말해도 됩니다. 미션을 하다 보면 고마움의 감정이 즐거움과 기쁨으로 이어집니다.

아이들이 부끄러워하거나 쑥스러워서 처음에는 10번을 못 채울 수도 있습니다. 그렇다고 하더라도 최선을 다한 아이들에게 감사함을 전하고 격려해야 합니다. 아이들이 생활 속에서 자연스럽게 "고마워!"가 정착될 때까지 고마워 미션을 다양한 놀이의 형태로 실시해주세요

이때 고마워 미션을 한 아이들의 행동을 버츄 프로젝트와 연결합니다. '친구야 고마워' 미션 중에 자신이 빛낸 미덕을 찾아보는 것입니다.

아이들이 가장 많이 찾은 미덕은 무엇일까요? 바로 '용기'입니다. 아이들은 친구에게 "고마워!"라는 말을 할 때 가장 필요한 것이 '용기'라고 했습니다. 아이들뿐 아니라 어른들도 고맙다는 말을 평소에 많이 하지 못해서 그런 게 아닐까요? 그 외에도 아이들은 친절, 평온함, 존중, 예의, 상냥함, 사려, 배려, 도움, 기뻐함, 겸손 같은 미덕을 발휘했다고 합니다. '고마워' 속에 담긴 다양한 마음들이 미덕과 함께 표현되었습니다. 놀이를 마무리할 때는 놀이에 참여하기 위해 스스로 용기를 낸 아이들에게 선생님은 감사함을 표현해야 합니다.

"애들아, 놀이에 용기 내어줘서 고마워!"

고마워 주고받기 리액션

고마움을 말하는 데 용기가 필요하다면, 고마움을 주고받는 데는 '연습'이 필요합니다. 아이들만이 아니라 선생님도 마찬가지입니다. 우리는 감정을 표현하는 데 서툽니다. 슬픈 것은 슬픈 대로, 기쁜 것은 기쁜 대로 표현하면 되는데, 이게 말처럼 쉽지가 않습니다. 부정의 감정이든 긍정의 감정이든 감정에 틀린 것은 없습니다. 감정을 그대로 받아들이되 그것을 좋은 에너지로 전환하는 것이 중요한 것입니다. 감정이나 욕구 자체를 무시해서는 안 됩니다.

그런데 감정을 표현하는 것도 서툴지만 고마움을 전하거나 받아들이는 것도 쑥스러워하고 부끄러워합니다. '고마워'의 감정은 기쁨입니다. 주는 것도 기쁨이고 받는 것도 기쁨입니다. 누군가에게 좋은 것을 베풀고자 하는 마음도 고마운 마음이죠. 무언가를 해줄 때는 친구에게 돌려받으려고 하는 마음을 버리고, 순수하게 도움을 주어야 합니다. 마찬가지로 누군가로부터 도움을 받을 때는 그것을 기쁨으로 받는 리액션도 필요합니다. 고마운 친구에게 내가 돌려주고자 하는 고마움도 잘 전달해야 합니다. 고마움을 담은 리액션은 준 사람에게도, 받는 사람에게도 행운이 됩니다. 어떻게 리액션을 해야 좋을까요? 사람마다 다르겠지만, 저는 '감탄하면서 고마워 주고받기'를 추천합니다. 친구의 "고마워!"라는 말에 또다시 "와우!", "오!" 같은 감탄사를 넣어서 고마워 리액션을 되돌려주는 것입니다.

친구야 고마워 놀이

친구와 놀이를 통해서 그 속에 담긴 미덕을 찾는 과정입니다. 아이들은 놀이할 때 기질이 잘 드러납니다.

'함께 길을 찾아가요' 놀이

- **대상 :** 전 학년
- **구조 :** 2인 1조 협동 놀이
- **다양한 융합 놀이로 변형 가능 :** 장애 이해 교육이나 교과수업에 활용할 수 있습니다.
- **학습방법 :** 눈을 감고 친구의 도움을 받아 장애물을 지나 안전하게 목적지까지 선을 그리면서 달팽이에 길을 만듭니다.
- **주의할 점 :** 놀이를 할 때 길 안내자는 친구의 손을 잡고 대신 그려주어서는 안 됩니다. 오로지 말로만 설명할 수 있습니다.
- **배울 점 :** 방향과 위치 인식에 관한 활동으로, 두 사람의 협력 관계를 만들어줍니다. 협동과 도움의 미덕 속에 신뢰와 신용을 익히게 합니다.
- **수업흐름**

---

① 방향 약속 없이 친구 길 찾아주기

　: 약속 없이 그리면 서로 이해가 다르다는 것을 알게 됩니다.

② 방향 약속 정하기

　: 눈을 감고 그리는 친구와 안내하는 친구가 서로 정확한 의사소통을 하기 위해 방향과 명령어를 정합니다.

　: 약속을 정한 후에는 좀 더 안정적으로 길을 찾아가게 됩니다.

③ 역할을 바꾸어 놀이하기

④ 놀이 후 발휘한 미덕의 단어를 찾아 아이엠그라운드 놀이, 자기소개 놀이 형식으로 친구들과 공유

⑤ 친구에게 고마운 점 찾기

⑥ 놀이를 통해 배운 것 글로 쓰기

이러한 놀이를 통해서 학생들은 친구들과 상호작용하게 되고 상호작용 속에서 다양한 미덕들을 빛내게 됩니다. 그것을 찾아서 칭찬하고 고마움을 표현하면 됩니다. 이 놀이에서 길을 안내하는 이는 도움을 주는 이입니다. 도움을 주는 이는 상대방의 마음을 고려해서 상냥함, 친절, 배려와 같은 미덕을 함께 실천해야만 합니다. 그러면 믿을 수 있는 사람이 됩니다. 상대방이 자신을 믿어주는 경험을 하게 되죠.

반대로 눈을 감은 친구는 안내하는 친구를 오롯이 신뢰해야만 길을 제대로 그릴 수 있습니다. 친구의 표현이 불편하거나 불분명

하더라도 길을 가야 하므로 협력하려는 마음을 가져야 합니다. 이러한 놀이 하나에도 다양한 미덕들이 발휘될 수 있습니다. 친구와의 상호작용이 끝난 후에 친구의 고마움을 찾아보라고 하면 아이들은 '도움이 미덕이 빛나서 고마웠다', '나를 끝까지 데려다주는 끈기가 고마웠다' 등 미덕을 포함시켜 표현합니다. 그렇게 되면 무엇이 고마웠는지도 더 명확하게 드러납니다

3단계 : 버츄 연결 수업으로 친구에게 감사 표현하기

1. 버츄 프로젝트 활용

친구에게 감사한 점을 52개의 미덕 언어로 표현해봅니다.

2. 고마워 미션 : 친구들에게 하루에 10번 "고마워!" 말하기

교실이나 학원 등 친구들에게 어떻게 "고마워!"라고 말할지 생각해봅니다. 하루에 10번 말하기를 실천합니다.

3. 고마워 주고받기 리액션

무언가를 베풀고자 할 때는 상대에게 되돌려 받을 생각 없이 도움을 줍니다. 그리고 상대방이 베풀어준 것에 고마움을 느낄 때는 기쁨으로 환호하면서 받고, 자신의 고마움을 되돌려주는 리액션을 합니다.

4. '친구야 고마워' 놀이

놀이를 통한 학생들 간의 상호작용입니다. 놀이 활동 속에서 미덕의 언어들을 찾아봅니다. 놀이를 마친 후 친구에 대한 고마움을 서로 이야기해봅니다.

* 고마워 교실 3단계의 방법들은 수업이나 여러 활동에 '감사 찾기 놀이'를 포함
시켜서 실천해보는 것도 좋습니다.

4단계 :
나, 너, 우리, 함께

'어머나, 이걸 어째? 그렇게 '고마워'라고 수백 번씩 말해주었는데도 싸움이 끊이질 않네! 우리 반 아이들은 언제쯤 긍정적으로 바뀔까?'

고마워 교실을 열정적으로 실천하시는 선생님들에게도 한 번씩 좌절의 순간이 옵니다. 물론 감사에너지로 선생님 자신도 분명히 점점 회복되는 듯하고, 아이들도 뭔가 제자리를 찾아가는 것 같아 기분이 좋을 때도 있겠지만 말입니다.

그러나 앞에서도 말했듯이 아이들의 삶에 학교만큼이나 중요한 것이 부모님입니다. 학교 이외의 시간은 부모님과 함께하죠. 또한 아이마다 성향이 다르고, 아무리 좋은 것도 받아들이는 수용능력에는 차이가 있습니다. 교실에서 벌어지는 사건, 사고도 워낙 다양하다 보니 같은 노력을 투입하더라도 같은 결과를 기대할 수는 없습니다.

감사함을 전달하고 아이들과 좋은 에너지를 주고받지만 아이들 간에 갈등도 일어나고, 예상치 못한 슬픈 일들도 발생합니다. 그럴 수 있습니다. 성장하는 과정, 배움의 단계에 있는 아이들이기 때문입니다. 그건 선생님 잘못이 아닙니다. 그럼에도 불구하고 지금까지 아이들에게 좋은 에너지를 전달해왔기 때문에 그러한 갈등이나 어려움들은 원만하게 잘 해결될 것입니다.

주변에 감사에너지를 가진 선생님이 함께한다면 이러한 어려움은 금방 털고 나아갈 수 있습니다. 그러나 부정의 에너지를 가진 선생님들이 주변에 많다면 함께 어려움에 처할 수도 있습니다. 주변 선생님들과 함께 감사에너지, 파워에너지로 나아갈 수 있다면 좋겠습니다. 감사에너지를 가진 동료 선생님은 세상에서 제일 든든한 지원군입니다. 주변 선생님께도 감사에너지를 전하며 손잡고 함께 나아가 보는 건 어떨까요?

고마워 학급 경영 꿀팁

"우리 반이라서 고마워!"

아이들을 맞이하는 새 학기 첫날 인사입니다. A4 용지로 간단하게 가랜드를 만들어 칠판에 붙여둡니다. 아이들이 교실에 들어왔을 때 환대받는 느낌을 주고자 하는 것입니다. 환영합니다, 어서 오세요, 사랑합니다, 축하합니다 등 다양한 말로 아이들을 환대할 수 있지만, 거기에 '고마워'도 들어가면 좋겠습니다.

하트미역으로 전하는 "태어나줘서 고마워!"

'하트미역'을 아시나요? 말린 미역을 손바닥 크기의 하트 모양으로 만들어서 작은 포장지에 담은 것입니다(검색해보면 많이 나옵니다). 아이에게 태어났음을, 세상에 존재해주는 그 자체를 축하해주기에 좋은 선물입니다. 미역은 아기를 낳은 산모가 먹는 음식이고, 생일상에 올리는 것이니 작지만 특별하고 의미 있는 선물 아닐까요? 미역을 선물 받은 아이가 집으로 가져가서 미역국을 끓여 먹게 되면 생일을 맞은 아이에게도 엄마에게도 기쁜 선물이 될 것입니다. 하트미역은 꼭 생일이 지나기 전에 준비해서 주어야 합니다. 미역 포장지에 특별한 글을 적지 않더라도 "태어나줘서 고마워. 사랑해." 이 한마디를 적은 라벨을 붙여둔다면 충분할 겁니다. 이 세상에 그 수많은 사람 중에 인연이 되어준 아이들과 학부모님께 감사를 표현할 방법으로 하트미역을 추천합니다.

마음을 담은 고마워 도장

과제나 알림장 등 교사가 피드백을 줄 때 자주 활용하는 것이 도장입니다. 참 잘했어요, 검사인이라는 도장에는 마음이 없습니다. 선생님이 확인하는 도장에도 "사랑해!", "고마워!"는 어떨까요? 도장 하나에 무슨 의미를 부여하는가 할 수도 있지만 글에도 에너지가 있습니다. 검사인의 도장을 받을 때는 일방적으로 검사를 받는다는 느낌이지만 고맙습니다 등의 문구를 받게 될 때의 마음은 따스할 겁니다. 요즘은 온라인에서 원하는 문구와 그림을 넣어 만년 도장을 쉽게 만들 수 있습니다. 선생님의 마음을 담은 도장을 만들어 보세요.

또한 도장을 교사가 찍기보다는 아이들 스스로 찍을 수 있게 해주면 더 좋습니다. 셀프 감사 도장도 우리 아이들을 춤추게 합니다.

전학 가는 친구에게

전학 가는 친구가 생겼을 때 할 수 있는 좋은 활동이 있습니다. 함께 지낸 친구를 그냥 떠나보내지 않고 고마운 것을 찾아 써보도록 합니다. 색종이 1장을 준비해 세모 접기를 2번 합니다. 접었던 색종이를 다시 펴놓고, 전학 가는 친구에게 고마웠던 것을 구체적으로 써봅니다. 기본적으로 1가지는 꼭 쓰도록 하고, 많으면 많을수록 좋습니다. 친구에게 느낀 고마움이 떠오르지 않는 아이들에게는 반대로 자신이 그 친구에게 베풀었던 고마운 행동을 적어보도록 합니다.

감사함을 담은 색종이는 삼각 주머니 접기나 사각 주머니 접기를 해서 모두 모아 풀로 붙입니다. 그러면 '친구에게 보내는 감사의 책'이 멋지게 완성됩니다. 헤어져서 아쉽기도 하겠지만, 아쉬움보다 고마움을 가득 담아 떠나보낼 수 있도록 해줍니다.

학년 말 교과전담 선생님께

학년 말 종업식이 다가올 때쯤 되면 교과전담 선생님과 마지막 수업 전에 아이들과 꼭 하는 활동이 있습니다. 교과전담 선생님들께 고마움을 담은 편지를 쓰는 것입니다. 교과전담 선생님과 함께했던 활동을 떠올려보고, 어떤 활동이 재미있었는지, 어떤 말씀이 가슴에 와 닿았는지에 대해 친구들과 대화하며 의견을 나눠봅니다. 1년 동안 있었던 일이라 그냥 쓰라고 하면 떠오르는 기억이 거의 없을 때도 있습니다. 감사 편지를 쓰기 전에 아이들의 생각을 먼저 열어주어야 감사의 표현이 글로 잘 나옵니다.

포스트잇에 작성하여 A4 용지나 색지 등에 붙여 전달해도 되고, 전학 가는 친구에게 썼던 것처럼 색종이에 적어서 삼각이나 사각 주머니 접기를 해서 완성해도 됩니다.

선물은 받는 사람도 행복하지만 주는 사람이 더 행복해지는 것입니다. 감사함도 그렇습니다. 감사 표현을 받는 사람도 당연히 행복하지만 감사를 전하는 아이들의 얼굴도 따뜻한 햇살이 번집니다. 마음속에 감사하는 마음이 있어도 표현하기는 쉽지 않습니다. 하지만 말이나 글로 감사를 표현하면 그 자체가 선물입니다. 아이들에게 세상에서 가장 멋진 선물은 감사를 표현할 기회 아닐까요? 상대방에게 사랑을 나눠주어서 더 행복한 느낌을 선물해주세요.

4단계 : 나, 너, 우리, 함께

1. 함께해요, 선생님

동료 선생님과 함께 감사의 파워에너지 만들어보세요.

2. 고마워 학급 경영 꿀팁

"우리 반이라서 고마워!" 가랜드 만들어 환대하기

하트미역으로 전하는 "태어나줘서 고마워!"

마음을 담은 고마워 도장

전학 가는 친구에게 사랑을 담아 '감사의 책'

학년 말 교과전담 선생님께 감사 편지

* 고마워 교실의 4단계는 1년 동안 지속적, 반복적으로 이루어지는 과정입니다.

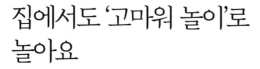

집에서도 '고마워 놀이'로 놀아요

초등학교 교과서에도 나오는 인디언의 추장과 아이의 이야기를 들려드리겠습니다. 추장과 한 아이가 마음속 두 마리의 늑대에 대해 이야기했습니다. 추장은 이렇게 말했습니다.

"너의 마음속에는 두 마리의 늑대가 살고 있어. 한 마리는 검은 늑대고 한 마리는 흰 늑대지. 이 두 마리의 늑대는 너의 마음속에 언제나 살고 있으면서 늘 싸운단다. 검은 늑대는 질투, 화, 슬픔, 후회, 욕심, 자기연민, 열등감, 거짓말, 우월감 등이란다. 이 검은 늑대가 너의 자아란다. 흰 늑대는 선한 놈인데 기쁨, 사랑, 희망, 평온함, 겸손, 친절, 공감, 너그러움, 진심, 연민으로 너의 믿음이란다."

아이는 "어느 늑대가 이겨요?"라고 물었습니다. 어느 쪽이 이길까요? 여러분 생각은 어떤가요? 어느 쪽 늑대가 이기면 좋겠습니까? 이기길 원하는 늑대에게 무엇을 해주면 될까요? 한 마리의 늑대가 이기면 다른 늑대는 사라질까요?

추장은 이렇게 답했습니다.

"네가 먹이를 주는 쪽이 이긴단다."

우리는 의식적으로 흰 늑대가 이기길 바라고 응원합니다. 그러나 어느 순간 자신도 모르게 검은 늑대가 흰 늑대를 이겨버리고 삶을 부정적인 에너지로 채울 때가 있죠. 매일 마음속의 흰 늑대에게 먹이를 주기 위해 노력해야 합니다.

그렇다면 '내가 먹이는 주는 쪽이 이긴다'는 것은 알겠는데, 늑대의 먹이는 대체 무엇일까요? 마음속 늑대의 먹이는 우리의 생각, 말, 감정, 표정, 행동 등입니다. 결국 우리가 살아가면서 하는 모든 것이라고 할 수 있습니다. 긍정적인 생각을 많이 하고 기쁨의 언어를 많이 쓰게 되면 흰 늑대에게 먹이를 주는 것이 됩니다.

먹이는 한 번만 주면 될까요? 우리도 밥을 태어나서 딱 한 번만 먹는 건 아니잖아요? 규칙적이고 반복적으로 이루어지는 우리의 식사처럼 흰 늑대에게 먹이를 주는 것도 연습해야 합니다.

소소감 찾기 놀이

"까꿍! 까꿍!"

아장아장 걷기 시작한 아기들은 커튼 뒤에 숨었다가 "까꿍!" 하고 얼굴을 내미는 까꿍 놀이를 진짜 좋아합니다. 어른들이 보기에는 별것 아닌 것 같은데 아이들은 10번이고 20번이고, 아니 무한히 반복해도 재미있어하고 깔깔거리며 웃느라 뒤로 넘어갑니다.

아기들은 왜 까꿍 놀이를 좋아할까요? 발달단계상 이런 놀이를 좋아한다는 이야기도 맞습니다만, 어쩌면 아기들은 이 까꿍 놀이를 통해 사랑하는 가족의 미소를 계속 볼 수 있기 때문에 이렇게 좋아하는 것 아닐까요? 그냥 봐도 사랑스러운 가족의 얼굴이 잠깐 사라졌다가 웃으면서 나타나니까 더 행복한 것 아닐까요? 미소가 주는 행복감이 좋아서 계속 까꿍 놀이를 하려는 것이 아니었나 하고 추측해봅니다.

그런데 이렇게 작고 귀여운 아기들이 쑥쑥 자라서 초등학교에 입학하고 나면 집에서 어떤 놀이를 하나요? 보드게임을 많이 한다고요? 가족들의 행복한 웃음소리가 들리는 듯합니다. 자녀가 어릴 때 하던 까꿍 놀이처럼 가족 모두가 행복하게 웃을 수 있는 놀이가 바로 '소소감 찾기 놀이'입니다. 앞에서도 말했듯이, '소소감'이란 '작지만 소중한 감사'입니다. 가족들과 함께 꼭꼭 숨어 있는 감사라는 보물을 찾는다는 느낌으로 하면 좋습니다.

① 감사함 주제 제시하기 : 우리 집에 대한 감사함을 가족과 함께 10가지 이상 찾습니다.
  - 가족이 4명 이상이면 2명씩 짝을 지어 찾으면 좋아요.
  - 3인 가족은 다 함께 하면 됩니다.
② 제한된 시간(5분)에 처음 짝과 함께 우리 집을 돌아다니면서 감사한 이유를 찾아서 감사함을 작성합니다.
  - 예시 : "가스레인지 덕분에 요리를 할 수 있습니다. 고맙습니다."
③ 4인 이상의 가족은 짝을 바꾸어 감사함을 찾습니다.
④ 다 함께 모여 우리 집에 대한 감사를 "… 덕분에 감사합니다."로 공유합니다.
  - 예시 : "이불 덕분에 따뜻하게 잘 수 있어서 감사합니다."

이 놀이의 목적은 우리 주변의 다양한 사물이나 주제에 대한 감사함을 더 많이 찾도록 하는 것입니다. 부모님은 아이들이 사소한 감사함을 찾더라도 격려하고 따뜻하게 인정해주어야 합니다. 교실에서 아이들을 데리고 소소감 찾기 놀이를 하다 보면 아주 작은 것에서도 감사함을 잘 찾아내는 아이가 있고, 그런 것은 감사할 만한 것이 아니라고 생각하는 아이들도 있습니다. 그런데 가정에서 이렇게 소소감 찾기 놀이를 한 아이들은 감사라는 빛나는 보물을 더 잘 찾는 밝은 눈을 가지게 되는 것입니다. 한 번 감사라는 보물을 찾고 나면 두 번째 보물을 찾는 것은 훨씬 쉽습니다. 뭐든지 처음이 어려우니까요. 그 처음을 사랑하는 엄마, 아빠와 함께 한다면 우리 아이들은 더욱더 빛나는 보석이 될 것입니다.

소소감 보물 그리기 놀이

소소감 찾기 놀이를 조금 더 발전시킨 놀이입니다. '픽셔너리'라는 보드게임처럼 주제에 맞는 소소감을 그림으로 그리고 다른 가족들이 맞추는 형식으로 놀이를 해도 좋습니다.

① 감사함 주제 제시하기 : 우리 가족에 대한 감사함을 함께 10가지 이상 찾습니다.
  - 가족이 4명 이상이면 2명씩 짝을 지어 찾으면 좋아요.
  - 3인 가족은 다 함께 하면 됩니다.
② 제한된 시간(5~10분)에 처음 짝과 함께 우리 가족을 바라보며 감사한 이유를 찾아서 감사함을 말해봅니다.
  - 예시 : "아빠 덕분에 함께 축구를 재미있게 할 수 있어서 고맙습니다."

③ 4인 이상의 가족은 짝을 바꾸어 감사함을 찾아 이유와 함께 이야기합니다.

④ 함께 모여 앉아 1명이 자신이 찾은 가족에 대한 소소감을 그림으로 그립니다.

⑤ 그림을 보고 정답을 아는 가족은 "… 덕분에 고맙습니다."를 넣어 정답을 맞춥니다.

　－ 예시 : 요리를 하는 아빠의 그림을 보고 "맛있는 라면을 끓여주시는 아빠 덕분에 점심을 잘 먹습니다. 고맙습니다."

⑥ 가족 모두 정답을 넣어 "○○님 고맙습니다."라고 말합니다.

　－ 예시 : "아빠님 고맙습니다."

⑦ 다음 차례의 가족이 자신이 찾은 소소감을 그림으로 그리고 위의 과정을 반복합니다.

'소소감 보물 그리기 놀이'를 할 때 주의할 점이 있습니다. 주제를 정하고 곧바로 그림을 그린 후에 맞추는 데만 급급해서는 안 됩니다. 반드시 가족과 함께 짝을 지어 주제에 맞는 감사함을 찾고, 그 이유를 함께 이야기하는 과정을 거쳐야 합니다. 아이들은 가족과 함께 "… 덕분에 고맙습니다."를 계속 말함으로써 자연스럽게 고마워라고 말하는 습관이 형성됩니다. 아이들은 물론이고 부모님도 고마워라는 말이 습관이 되면 우리 가족은 대화의 품격이 달라질 것입니다.

　감사 찾기 주제는 앞에 나온 것처럼 나 자신, 우리 가족, 자연, 예술, 시간, 사물, 친구, 선생님, 여러 직업종사자, 집, 옷, 음식, 공공시설, 이웃, 책, 깨달음, 물질, 꿈, 소망 등 정말 다양합니다.

　가족이 함께 감사함을 찾게 되면 무엇이 좋을까요? 당연하다고 느꼈던 많은 것들에서 이렇게 많은 감사함이 숨어 있었다는 것을 깨닫게 됩니다. 내가 느끼고 나면 느끼기 전과는 다른 세상이 펼쳐집니다. 소소감 찾기 놀이에서 침대의 고마움을 찾았다고 칩시다. 그러고 나서 저녁 침대에 눕는다면 어떤 기분이 들까요? 그냥 우리 집에 늘 있던 침대가 아니라, 나에게 고마운 존재로서 침대를 만나게 되는 것입니다. 침대 덕분에 꿀잠을 잘 수 있어서 고맙다고 미소 짓는 우리 가족을 상상해보세요. 상상만으로도 행복해지지 않나요? 우리 가족을 감사와 행복의 세계로 이끌어줄 소소감 보물 그리기 놀이를 함께 실천해보면 좋겠습니다.

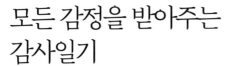

모든 감정을 받아주는
감사일기

소소감 찾기 놀이로 감사를 찾아내는 안목이 생겼다면 기록을 잘 해두는 것도 필요합니다. 공책 1권을 정해 우리 가족 감사 일기장을 만들어도 좋고, 가족 구성원 각자가 공책, SNS, 밴드 등 자신이 좋아하는 형태로 감사일기를 기록해도 됩니다. 감사일기가 쌓일수록 감사에너지도 증폭한다는 이야기는 앞에서도 했습니다. 따라서 감사일기를 꾸준히 작성하면 감사에너지 역시 차곡차곡 누적되어 자신이 얼마만큼 감사할 수 있는 사람인지, 주변에 얼마나 고마운 것들이 많은지 새삼 느끼게 됩니다.

우리 가족 감사일기 쓰기

가족의 경우 개인별로 감사일기를 작성하고, 밴드나 카페 등 가족끼리 온라인 공간을 마련해 각자의 감사일기를 공유해도 좋습니다. 무뚝뚝한 성격이라 아이들에게 정겹게 사랑을 표현하지 못했던 부모님들이 자녀에 대한 감사일기를 작성해 공유하면 어떨까요? 말로는 차마 못 했던 사랑과 고마움이 아이들에게 전달될 것입니다. 사춘기 아이들도 집에만 오면 짜증이 폭발하는 듯해도 사실 마음은 그렇지 않습니다. 한 줄이라도 감사일기를 적어 가족과 공유하면 서로를 사랑하는 진심 어린 마음을 확인할 수 있습니다.

개인적으로 쓰는 감사일기와 마찬가지로 가족 감사일기를 적을 때도 날짜를 쓰고, 몇 번째 일기인지를 쓰면 좋습니다. 그리고 고마움을 느낀 대상에게 그냥 이름을 적기보다는 '○○님'처럼 '님'이라는 존중의 호칭을 적으면 더 좋습니다. 그리고 고마움을 잘게 쪼개어 현미경으로 관찰하듯 자세히 살펴보는 것 역시 중요합니다. 매일 똑같은 일상 같아도 매 순간 감사함이 깃들어 있음을 알게 됩니다.

> 감사일기 108일차 / 2021. 7. 7.
> ○ 아침에 웃으면서 "학교 다녀오겠습니다."라고 인사해준 아들 ○○님,
>   고맙습니다. 감사합니다.
> ○ 내가 끓여준 된장찌개가 맛있다고 말해준 딸 ○○님, 고맙습니다.
>   감사합니다.
> ○ 라디오에서 내가 좋아하는 노래가 나옵니다. 라디오 DJ님, PD님 모
>   두 고맙습니다. 감사합니다.
> ○ 화분에 심은 강낭콩에서 새싹이 나옵니다. 흙을 뚫고 나오느라 애쓴
>   새싹님, 고맙습니다. 감사합니다.

스스로의 감정을 받아들이고 인정하기

감사일기를 쓰다 보면 아이들에게 자꾸만 '긍정성'을 강요하게
될 수도 있습니다. 긍정성이라는 것은 에너지라서 마음에서 번져
나가는 것입니다. 물론 외부에서 넣어줄 수도 있습니다. 외부에서
받은 감정이 내부로 밀려 들어오기도 하고 내부의 에너지가 밖으
로 번져 나가기도 합니다.

'웃프다'라는 말을 많이 씁니다. 참 재미있는 말입니다. 웃음이
나는데 눈물도 나는 상황을 뜻하는 신조어죠. 이렇듯 일상에서는
다양한 감정이 동시에 존재합니다. 성적이 잘 나와서 들뜬 마음도

있지만, 현재 집안에 아픈 사람이 있다면 슬픔도 동시에 느껴집니다. 타인의 괴롭힘에 분노할 때도 있습니다. 이럴 때는 어떻게 감사함을 찾을 수 있을까요? 슬픈 일을 당했는데, 화나고 억울한 일이 벌어졌는데, 어떻게 감사함을 찾을까요? 그게 가능하기나 한 걸까요?

감사함을 찾기에 앞서 스스로의 감정을 느낀 그대로 받아주어야 합니다. 분노, 좌절, 시기, 질투, 미움, 자만심 같은 부정에너지의 감정은 물론 긍정에너지의 감정까지도 다 받아주고 시작해야 합니다.

어른도 슬픔을 감사함으로 전환하는 것이 어려운데, 감정의 탱크를 키워가고 있는 아이들은 더욱 힘들지 않을까요? 아이들에게 감정을 속이고 감사함을 표현하라고 강요하는 것은 더욱 안 될 말입니다.

어린 시절에 자신이 느낀 다양한 감정을 양육자가 그대로 받아준 경험을 해본 아이들은 공감능력이 뛰어난 성인으로 자랄 가능성이 높습니다. 감사함을 찾아내고 행복감을 가지기 전에 자신이 가지고 있는 다양한 감정이 무엇인지를 먼저 알아차리는 것은 매우 중요한 일입니다. 아이들뿐만 아니라 어른도 마찬가지입니다.

스스로의 감정을 알아차리고 받아들이는 능력이야말로, 감사함 찾기의 시작입니다. 감정의 상태, 즉 의식수준의 상태를 알아차려 가면서 긍정에너지, 파워에너지로 변화시켜 가야 합니다. 그러기 위해서는 먼저 자신의 감정을 스스로에게 솔직하게 드러내는 연습을 해봐야 합니다. 타인이 아닌 자기 자신에게 말입니다. 감사일기는 감정일기이기도 합니다. 아이들이 감사일기를 쓰면서 스스로의 감정을 드러내는 연습을 할 수 있도록 도와주어야 합니다. 하루 동안 일어난 일과 거기에서 느낀 감정을 스스로 글로 작성해서 다시 살펴보는 일은 감정을 받아들이는 데 좋은 도구가 됩니다.

학원도 빼먹고 친구들과 놀았습니다. 집에 들어가면 부모님께 혼날 게 뻔해서 두렵습니다. 솔직히 엄마, 아빠 얼굴 보는 것도 싫습니다. 내가 뭘 얘기해봐야 들어주지도 않을 것 같습니다. 차라리 집에 들어가지 말까 하는 생각까지 했습니다. 그러나 이 모든 것을 떨치고 집에 들어온 내가 참 대견합니다. 나에게 참 고맙습니다. 감사합니다.

이 아이의 마음은 어떠할까요? 두렵고, 슬프고, 걱정스럽습니다. 모든 것을 회피하고 싶은 상태입니다. 이런 경우는 가정에 대한 감사함을 하나도 찾기 어렵습니다. 만약에 단순히 감사한 점만 찾아 적게 된다면 '집에 잘 돌아와서 감사합니다'가 되어버립니다. 자신이 어떤 감정에서 시작했는지, 그 감정을 극복하고자 어떻게 노력했는지가 보이지 않습니다. 이렇게 자신의 감정과 일어난 일의 과정을 작성한 후 감사함을 찾는 것이 감정을 받아들이는데 도움이 됩니다.

비교하기 vs. 미리 보기

누군가에게 일어난 감사한 일을 듣게 된다면 어떨까요? 나에게 일어난 즐겁고 감사한 일들을 친구에게 이야기할 때, 그 이야기를 들어주는 친구는 어떤 마음으로 들을까요?

"아이가 아팠는데 병원에 가서 진료하고 금방 나아서 정말 감사했어요."

이런 이야기를 들으면 "와, 다행이다. 정말 감사한 일이네." 하고 같이 공감해주고 좋아해줍니다. 하지만 그렇지 않은 경우도 있습니다. 예를 들어, 아이가 공부를 잘해서, 남편이 돈을 잘 벌어와서, 지인이 맛난 것을 사줘서, 청소하시는 분이 집안일을 대신 해줘서, 해외여행을 해마다 가서, 투자를 잘해서 큰돈을 벌어서, 값

비싼 선물을 받아서, 고속승진을 해서 등등. 이러한 이야기를 계속 듣는다면 상대방은 어떤 마음이 들까요? 나도 모르게 자신의 생활과 비교하게 됩니다.

친구 아들은 공부를 잘해서 장학금도 받았다던데 우리 아들은 왜 이럴까? 친구 남편은 집에 일찍 들어와서 가사일도 돕고 아이들 교육에도 힘쓴다는데 우리 남편은 왜 이럴까? 다들 잘 지내고 있는데 나는 뭘까? 이런 생각이 들 것입니다. 남들은 힘든 일이 하나도 없어 보입니다. 신기할 정도로 모든 것이 순탄하게 흐르는 듯합니다. 이런 이야기를 자꾸 듣다 보면 감사함을 전한 친구에게 공감해주기보다는 나도 모르게 시기, 질투, 미움이 생겨납니다.

'벼락거지'라는 말을 들어보았나요? '벼락부자'는 알다시피 복권에 당첨되거나 갑작스럽게 부자가 된 사람을 말합니다. 그런데 벼락거지는 한꺼번에 큰돈을 잃은 사람이 아닙니다. 자신은 아무런 변화 없이 예전처럼 잘 지내는데 주변 사람들이 갑자기 부자가 되었을 때 느껴진 상대적 박탈감을 자조하는 표현입니다. 주변 상황의 변화 때문에 자연발생적으로(?) 비교되어 나타난 감정입니다. 사회가 급변하면서 일어난 일이죠.

친구가 갑작스럽게 승승장구해 가만히 있던 내가 벼락거지가 된 느낌을 받는다면 이건 부러움을 넘어 시기, 질투, 분노, 좌절이라는 감정을 동반합니다. 어떤 분들은 오히려 이러한 좌절감이나 박탈감 같은 감정을 에너지로 바꿔 삶의 원동력으로 활용하라고 말하지만, 결국 이러한 부정적인 감정들은 삶을 갉아먹을 뿐입니다. 앞서 설명한 호킨스 박사의 의식수준에서 보듯이 낮은 에너지 단계에 머물러서 좋을 것이 하나도 없습니다.

감사함을 비교하다 보면 시기, 질투, 좌절, 무기력 같은 감정들이 만들어질 수밖에 없습니다. 비교하는 마음이야말로 삶을 온통 부정적인 감정으로 채우고 마음을 요동치게 만듭니다. 그렇다면 비교는 나쁜 것일까요? 비교하고 싶은 마음은 어쩌면 원초적인 본능과도 같습니다. 너무도 자연스러운 일입니다. 의도하지 않아도 저절로 일어납니다. 단지 이 비교의 결과를 어떻게 받아들이는가가 관건입니다. 부정에너지인 좌절, 시기, 질투의 감정이 아니라 에너지값이 높은 수용, 기쁨 등으로 전환해 자신의 에너지를 채우는 방식을 선택해야 합니다. 감사함은 기쁨의 의식수준입니다. 친구가 벼락부자가 된 것을 기쁨으로 만들고, 기쁨에서 오는 에너지를 자신의 것으로 만들어야 합니다. 이렇게 생각을 바꾸어보면 어떨까요?

다른 이의 물질적 풍요로움은
다른 이의 성공은

다른 이의 넘치는 행운은

다른 이에게 일어나 좋은 일은

다른 이의 정신적 성숙은

앞으로 나에게 일어날 감사한 일을

미리 보여주는 것이다.

친구나 동료에게 일어난 좋은 일은 우리 자신에게도 똑같이 일어날 일입니다. 그러니 미리 감사할 일이죠. 나에게 일어날 것을 미리 보여주니까요. 그래서 축복해주고 함께 기뻐해야 합니다. 겉으로 보이는 축복과 기쁨은 당연한 것이고, 내면에서도 그 기쁨을 함께해야 합니다.

내면에서 시기와 질투가 일어나는 것을 느낀다면, 그것 역시 먼저 그대로를 인정해주어야 합니다. 현재의 마음도 그대로 인정하고, 그 후에 의식적인 노력을 해서 그 감정을 기쁨과 축복으로 만들어봅니다.

그렇게 연습을 지속하다 보면 누군가의 행운이 자연스럽게 여러분의 기쁨이 되는 순간이 올 것입니다. 주변에 벼락부자, 고속 승진, 경사를 자주 목격하고 듣는다면 이미 여러분의 일상에 그러한 행운이 가까이 온 것입니다.

고마워 가정 이야기

　어릴 때는 고마움이 부담감으로 다가왔던 적도 있었습니다. 그래서였을까요? 부모가 되고 아이에게 주어야 했던 존재 자체에 대한 고마움을 느끼지도, 표현하지도 못하고 살아왔습니다. 무언가에 대한 노력이나 대가가 있어야 고마워하는 것 아닌가? 이런 생각을 했습니다. 그런데 어느 날 갑자기 아이가 이렇게 말하더라구요.

　"고마워!"

　"왜?"

　"그냥 다!"

　저는 머리를 한 대 맞은 것처럼 멍해졌습니다. 그 후로 저에게도 그냥 다 고맙다는 마음이 생기기 시작했습니다. 그런 마음이 생기니 화도 금방 멈추고 진드기처럼 안 떨어지던 찜찜함과 짜증이 힘이 약해지더라고요. 고마움을 부담감으로 느끼지 않게 아이에게 제 마음을 잘 다듬어 표현할 수 있어 기쁘고 고맙습니다.

- 최미 학부모님

양경윤 선생님의 고마워 연수에 참여하면서 고마워로 샤워하고 가글하고 씨를 뿌리려 노력했습니다. 하다 보니 저 자신이 정화되는 느낌이 들었어요. 가장 소중한 가족들을 더 깊이 사랑하게 되었고, 가족 모두 더욱 활기차게 살아가게 되었습니다. 제 마음에 여유가 생기고 온화해진 것 역시 고마워 연수 덕분입니다. 저 자신이 점점 더 성장하는 사람이 된 것 같아 만족감과 기쁨이 큽니다

- 김남순 학부모님

중3이 된 우리 딸은 밤에 학교에서 있었던 이야기들을 막 쏟아냅니다. 그냥 듣고만 있어달라고 합니다. 저는 의견이나 생각을 이야기한다고 생각했지만, 아이에게는 훈계나 잔소리로 들릴 때가 많았나 봅니다. 그래도 고마워 샤워를 시작하면서 고마워라는 말을 참 많이 했습니다. 그동안 칭찬에 인색한 엄마여서 딸이 내심 섭섭했을지도 모릅니다. 이제 9살이 된 아들 역시 제가 고마워 샤워기를 가동한 지 3일 만에 '고마워'가 입에 착착 달라붙었습니다. 그런 변화를 실제로 보니 참 신기했습니다. 첫째 딸에게는 이제까지 스킨십도 별로 안 하고, 따뜻한 말도 못 해준 것 같아 후회되기도 했는데, 고마워 샤워부터 열심히 도전하고 있습니다.

- 고현주 학부모님

아이가 어릴 때 많이 아팠습니다. 병원생활도 길었고 치료과정도 힘들었지만 조금씩 조금씩 건강해져가는 아이를 보면서 원망이 컸던 제 마음이 엄청나게 큰 고마움으로 바뀌기 시작했습니다. 그런데 아이가 건강해지니 저도 모르게 다른 욕심이 올라왔습니다. 고마움은 잠깐이고 아이에게 제 욕심으로 다가갔습니다. 지친 마음에 종종 화를 내기도 했죠. 고마워 샤워기로 아이에게, 남편에게, 저 자신에게, 그리고 가족, 지인 모두에게 다시금 고마움과 사랑하는 마음을 표현하려고 노력하고 있습니다. 지금 이 순간도 감사하고, 용기 내어 실천하는 저 자신이 참 고맙습니다.

- 구새나 학부모님

Part 4

그림책과 함께하는
고마워 교실

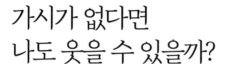

가시가 없다면
나도 웃을 수 있을까?

《가시 소년》(권자경 지음, 송하완 그림)이라는 그림책이 있습니다. 주인공 소년은 외로움과 두려움, 불안함이 몸 밖으로 가시가 되어 나오는 아이입니다. 선생님께 인정받고 싶고, 사랑받고 싶은데 마음속 가시를 털어내지 못해서 끙끙대는 아이의 이야기입니다.

여러분의 교실에도 이 책의 주인공처럼 가시를 돋쳐 세우고 있는 '가시 소년'들이 1~2명쯤은 항상 있을 것입니다. 미정 선생님이 '인생 최대의 걸림돌'이라고 생각했던 1호님도 엄청나게 뾰족뾰족한 대왕 가시를 세운 가시 소년이었죠. 말썽꾸러기 1호님은 1학년 때부터 사고뭉치로 불리며 선생님들께 야단맞는 날의 연속이었습니다. 친구들과 신나게 놀고 싶었지만, 다가가면 뾰족한 가시 때문에 싸움만 일어났지요. 선생님도 '우리 반에 왜 하필이면 저런 애가 들어와서 나를 이렇게 힘들게 할까?' 하고 괴로워할 정도였습니다.

하지만 관점을 바꾸어보니 이 가시 소년은 걸림돌이 아닌 디딤돌이었습니다. 미정 선생님은 1호님과 생활하며 더 많이 공부해야겠다고 다짐했고, 결과적으로 교사로서의 자신의 인생에 디딤돌이 되었습니다. '1호님도 학교라는 곳을 따뜻하고 행복한 곳으로 여겨주면 얼마나 좋을까?' 하고 바랐기 때문입니다.

애정 결핍 가시 소년

그런데 사람은 하루아침에 변하지 않습니다. 1호님이 잘하는 점이 있을 때는 즉시 칭찬해주려고 감사 렌즈를 끼고 바라보았지만, 현실적으로는 불가능했습니다. 예쁠 때, 잘할 때가 있어야 칭찬을 할 텐데 아무리 감사 렌즈를 끼고 고마운 점을 찾으려고 노력해도 너무 어려웠습니다. 1호님은 틈만 나면 친구들에게 짜증을 내고 소리를 질렀습니다. 왜 그랬냐고 물으니 덩치는 산만 한 아이가 아기처럼 엉엉 울면서 이렇게 말했습니다.

"우리 반 애들이 모두 날 싫어해요. 1학년 때부터 그랬어요. 선생님들도, 친구들도 모두 다 나를 싫어해요. 그래서 나도 애들이

다 싫어요."

분노조절장애만 있는 줄 알았는데 애정결핍 증세도 있었습니다. 자존감도 낮았죠. 친구들과 어울리고 싶지만 먼저 다가가지 못했고, 관계의 어려움에서 온 스트레스가 오랫동안 억눌려 있었을 것입니다. 그러다 보니 자기방어기제로 뾰족한 대왕 가시를 세웠고, 그 가시로 인해 친구들과 더더욱 어울리지 못했던 거죠. 1호 님이 펑펑 울면서 속마음을 쏟아 놓고 나자 미정 선생님은 힌트를 얻은 듯했습니다. 반 아이들과《가시 소년》을 함께 읽고 아이들에게 질문을 만들어보자고 했습니다. 아이들이 만든 질문은 아래와 같습니다.

Q. 왜 주인공은 가시를 세우고 있었을까?

Q. 가시 소년은 친구들과 놀지 못했을 때 마음이 어땠을까?

Q. 가시가 없다면 정말로 웃을 수 있을까?

Q. 가시를 없애려면 어떻게 해야 할까?

Q. 누구에게나 가시가 있다고 했는데 나한테도 진짜 가시가 있을까?

그중에서도 가장 많이 나온 질문은 다음의 2가지입니다.

Q. 나한테도 가시가 있을까?

Q. 가시를 없애려면 어떻게 해야 할까?

아이들은 대부분 자기도 눈에 보이지는 않지만 그림책의 주인 공처럼 가시를 가지고 있다고 생각합니다. 미정 선생님이 걸림돌이라고 생각했던 1호님도 스스로가 아주 작은 가시를 가지고 있다고 했습니다. 그렇다면 우리 반에도 가시 소년이 많은데 서로의 가시에 찔려 아프지 않느냐고 물으니 아이들이 고개를 숙입니다. 친구에게 욕을 하거나 상처 주는 말이 가시가 되어 찌른 것 같다고 솔직하게 이야기하기도 했습니다. 미정 선생님은 아이들에게 물었습니다.

"그럴 때 가시에 찔린 친구는 어땠을까?"

"너무 아팠을 것 같아요"

"그럼 가시를 세운 친구는 행복했을까?"

이렇게 묻자 모두들 고개를 저으며 아니라고 합니다.

"그렇다면 우리 반에도 있는 가시 소년들의 가시를 어떻게 없애 줄 수 있을지 한번 생각해볼까?"

이렇게 묻자 한 아이가 이렇게 대답했습니다.

"책에 나온 것처럼 가위 같은 걸로 잘라주면 안 될까요?"

"진짜로 가시를 싹둑싹둑 자를 수 있는 가위가 있다면, 선생님이 제일 먼저 사고 싶은걸?"

미정 선생님의 이야기에 모두들 깔깔거리고 웃습니다.

"진짜로 그런 가위 같은 역할을 할 수 있는 다른 무언가는 없을까?"

아이들에게 물어보니 한 아이가 대답합니다.

"선생님, 가시를 자를 수 없다면 이불 같은 것으로 포근하게 덮어주면 될 것 같아요."

"와, 정말 좋은 생각이네요. 그런데 교실에 진짜 이불은 없고…, 어떤 것이 가시를 덮어줄 이불이 될 수 있을까?"

그때 미정 선생님 반 분위기 메이커인 한 친구가 손을 번쩍 들더니 활기차게 말합니다.

"선생님, 답을 찾았어요. 칠판에 정답이 바로 있잖아요."

그 답은 무엇이었을까요?

아이들은 답을 알고 있다.

"칠판에 따뜻한 이불이 있잖아요."

아이가 가리킨 것은 바로 '고마워 오늘부터 20일'이었습니다.

와우! 정말 감사합니다. 고마워 교실을 시작한 지 20일 만에 청출어람입니다. 사실 아이들에게 질문을 던졌을 때 선생님 나름의 모범 답안을 정해두었습니다. 친구에게 고운 말하기, 배려하기 같은 교과서적인(?) 답을 말이지요. 그런데 아이가 찾은 답은 '감사'였습니다.

미처 그 생각을 하지 못했습니다. '고마워 교실' 20일 만에 감사라는 렌즈를 벌써 잃어버리고 원래의 모습으로 돌아간 걸까요? 정신을 차리고 지혜로운 아이에게 어떻게 그렇게 멋진 생각을 했냐고 감사를 전했습니다. 그리고 이렇게 물어봅니다.

"친구가 뾰족뾰족한 가시를 세우고 있을 때 감사라는 이불을 덮어주려면 어떻게 해야 할까?"

그러자 아이들은 생각할 시간을 5분만 달라고 합니다. 오케이! 타이머로 시간을 맞춘 후 진지하게 생각 중인 아이들의 모습을 바라보니 이 아이들이 더욱 예쁘게 보입니다. 며칠 전 분노로 가득한 아이들의 모습이 아닙니다. 아이들은 마치 따뜻한 이불처럼 포근하고 따뜻합니다. 잠시 후 아이들이 찾은 대답은 다음과 같습니다.

"친구가 화났을 때 나도 똑같이 화내지 말고 고맙다고 말해줘요."

역시 아이들은 이미 답을 알고 있었습니다. 그렇지만 현실로 돌아와 생각해보니 진짜로 현실에서 가능할지 의문이 듭니다. 아이들에게 친구가 소리 지르고 욕하는데 "고맙다!" 하고 말할 수 있는지 물어보았습니다.

아이들은 이미 해본 경험이 있다고 합니다. 친구가 화났을 때 똑같이 화를 내면 싸움밖에 안 되기 때문에 가시는 그대로 있다고 합니다. 맞습니다. 그럼 화를 내는 것은 해결책이 아닙니다. 아이들과 질문을 주고받으며 해결 방법을 모색해 봅니다.

"가시를 덮는 이불이 사라진다면 어떨까?"

애초에 이불을 덮을 것이 아니라 친구의 가시를 아프지 않게 하나씩 지워주는 게 좋겠다고 합니다. 그렇게 용기를 낸 아이들이 찾은 답은 "고마워!"였습니다. 아이들이 1명씩 나와서 칠판에 그려진 가시 소년의 가시를 하나씩 지워주며 신나고 예쁜 목소리로 외쳤습니다.

"내 친구라서 고마워!"

• 핵심질문 : 나에게도 가시가 있다면 어떻게 할까?

1단계 : 까바놀이*로 그림 살펴보기
  – 짝과 까바놀이 하면서 그림책 살펴보기
  – 주인공 가시 소년 그림 그리기(교사가 칠판에)

2단계 : 까만놀이**로 그림책 다시 읽기
  – 짝과 번갈아 가면서 소리 내어 읽기
  – 짝과 함께 질문 만들기

3단계 : 질문을 이면지에 적어 칠판에 붙이고, 나온 질문들을 이야기 나누기

－ 질문 1 : 가시 소년의 가시는 왜 생겨났을까?

　　　－ 질문 2 : 가시가 있어 불편한 점은?

　　　－ 질문 3 : 가시를 없애려면 어떻게 해야 할까?

　　　－ 질문 4 : 나에게도 가시가 있다면 어떻게 할까?

4단계 : 함께 질문에 해당하는 해결방법 아이디어 나누기

5단계 : 가시 소년에게 한마디씩 이야기해주며 가시 지우기(또는 가시
　　　　가 사라진 가시 소년의 모습 그리기)

수업할 때 활용하면 좋은 팁

○ 칠판에 가시 소년 그림 그리기

　아이들이 질문을 만들 때 선생님이 칠판에 가시 소년을 그립니다.
　이때 학생 수보다 훨씬 많은 가시를 그려야 합니다. 수업 마지막에
　학생들이 칠판에 나와 가시 소년에게 해주고 싶은 말을 한마디씩 말
　하도록 하고, 칠판 지우개로 가시를 하나씩 지우도록 합니다. 다 지
　우고 나면 마지막에 가시 소년의 표정도 바꾸어 그려줍니다.

○ 가시를 지운 느낌 및 다짐 말하기

　수업의 마무리로 가시 소년의 가시를 지울 때 내 마음은 어땠는지,
　앞으로 나는 친구들을 어떻게 대할지 느낌과 다짐을 서로 이야기해
　봅니다.

＊ 까바놀이

주어진 문장을 질문 '까'로 바꾸는 놀이입니다. 상대방이 하는 말을 그대로 듣고
따라말하면서 까로 바꾸는 놀이입니다. 질문을 쉽게 받아들일 수 있게 해줍니
다. 또한 관찰력, 문장구성력, 경청 등의 효과가 있습니다.

나 : 머리카락에 가시가 있습니다.

짝 : 머리카락에 가시가 있습니까? 아이들이 놀라 도망갑니다
나 : 아이들이 놀라 도망갑니까? 가시소년은 덩치가 큽니다.
짝 : 가시소년은 덩치가 큽니까? 아이들이 조그마합니다.

** 까만놀이
질문만 만드는 놀이입니다. 질문에 대한 답을 생각하지 않고 질문이 떠오르는
것을 만드는 놀이입니다. 예를 들어 '소년의 머리카락은 왜 가시일까?', '입에서
왜 가시가 나올까?' 등의 질문을 만들 수 있습니다.

그림책 읽기 꿀팁

○ **선생님이 실물화상기나 PPT를 활용하여 읽어주기**

실물화상기를 이용하거나 PPT로 만들어 아이들에게 읽어줍니다. 동화 구연처럼 읽지 않아도 됩니다. 그냥 편안하게 선생님이 직접 읽어주면 됩니다. 다 읽고 나서 칠판에 책을 세워두고 궁금한 장면이나 자세히 보고 싶은 그림은 나와서 보고 가도록 합니다.

○ **짝과 함께 소리 내어 한 문장씩 읽기**

그림책이 많으면 1명이 1권, 혹은 2명이 1권의 그림책을 읽으면 좋습니다. 좋은 그림책은 학급운영비로 1년에 한 세트(14~15권)씩 사두면 계속 활용할 수 있어서 좋습니다.

○ **빅북으로 읽어주기**

- 교실 가운데 모여 빅북을 보여주며 읽습니다. 학교 도서관에서 책을 구입할 때 빅북을 신청해 두면 활용할 수 있습니다.

너는
어느 별에서 왔니?

교실에서 아이들을 보면 생김새도, 성격도, 좋아하는 것도 모두
다 다릅니다. 그런데 서로 다름을 인정하지 않아서 갈등이 생기는
경우가 많습니다. 그럴 때 상황에 딱 맞는 그림책이 있으면 백 마
디 말보다 훨씬 좋습니다.

학년에 상관없이 읽어주면 좋은 그림책들이 많습니다. 그중 하
나가 윤진현 작가님의 《다다다 다른 별 학교》입니다. 이 책에는 다
다다 다른 별 학교에서 온 개성 강한 학생들이 나옵니다. 먹을 것
을 좋아하는 친구는 아맛나 별에서 왔습니다. 부끄럼쟁이 친구는
숨바꼭질 별에서 왔고, 걱정이 많은 친구는 두근두근 별에서 왔다
고 합니다. 재미있는 그림이 많아서 읽어줄 때는 하하호호 웃던

아이들에게 그림책을 다 읽고 질문을 던지자 조용해집니다.

"애들아, 너희들은 어느 별에서 왔니?"

장난기도 많고 활발한 아이들이 많았는데도 한순간에 침묵이 흐릅니다. '내가 어느 별에서 왔지?' 이것을 알려면 자기 자신을 알아야 합니다. 좋아하는 것, 잘하는 것, 행복할 때는 언제인지 등을 생각하며 마인드맵을 작성하도록 충분한 시간을 주었습니다. 각양각색인 우리 반 아이들은 어느 별에서 왔을까요?

나는 치킨 별에서 왔어요. 치킨을 좋아해서 그 별에서는 마음껏 먹을 수 있으니까요.

나는 게임 별에서 왔어요. 게임이 너무 재미있으니까요.

나는 싸움 별에서 왔어요. 친구와 계속 싸우니까요.

나는 짜증 나 별에서 왔을 것 같아요. 매일 자꾸 짜증이 나요.

나는 가시투성이 별에서 왔어요. 내 안에는 가시가 가득하니까요.

치킨 별이나 게임 별에서 왔다고 하는 아이들은 이해가 바로 됩니다. 하지만 스스로가 싸움 별이나 짜증 나 별, 가시투성이 별에서 왔다고 말할 줄은 상상도 못 했습니다. 아이들 가슴 속에 있는 분노와 상처가 이렇게도 깊었나 싶어서 놀랍기도 했고요. 그리고 더 놀라운 것은 아이들이 자기 자신을 객관적으로 파악하고 있다는 사실이었습니다. 평소에 친구와 싸울 때는 자기는 잘못이 하나도 없는데 친구가 먼저 시비를 걸어서 그랬다며 남 탓만 하곤 했으니까요. 그런데 '너는 어느 별에서 왔니?'라는 질문에 진지하게 자신을 잘 파악한 것입니다.

나도 너도 별

《자기 결정》에서 저자 페터 비에리 교수님은 인간이 존엄성을 지키며 살아가기 위해서는 주체적인 삶을 살아야 한다고 강조합니다. 이 책에서는 무엇이든 스스로 결정할 수 있는 힘을 기르기 위한 방법들에 대해 언급합니다. 그런데 자기 결정을 제대로 하기 위해서는 무엇보다 객관적인 자기 인식이 필요합니다. 《다다다 다른 별 학교》를 읽고 진지하게 자기 인식을 하려고 노력한 아이들이 고마웠습니다. 이렇게 자신을 잘 파악했다는 것만으로도 아이들은 더 행복하고 존엄한 삶을 위해 발걸음을 내딛을 준비가 된 것이니까요.

활동을 마친 후 자신이 어느 별에서 왔는지를 포스트잇에 써서 칠판에 붙입니다. 칠판 가득 아이들의 별 포스트잇과 친구 별 이름에 달린 댓글 포스트잇이 붙습니다. 칠판이 밤하늘이라면 아이들 별 이름이 적힌 포스트잇은 빛나는 별처럼 반짝이는 듯합니다.

칠판에 붙였던 포스트잇과 친구의 댓글 포스트잇은 다시 알림장에 붙여서 부모님도 보여드리고 부모님 댓글을 받아오도록 했습니다. 부모님도 우리 아이가 어떤 별에서 왔는지를 보고 나면 아이를 이해하는 데 큰 도움이 될 테니까요.

• 핵심 질문 : 너는 어느 별에서 왔니?

1단계 : 그림책 읽기

  책을 읽은 후 짝과 함께 이야기 나눕니다.

2단계 : '나'로 마인드맵 그리기

  내가 좋아하는 것, 잘하는 것, 행복해하는 것을 떠올려 보고 마인드맵을 그립니다.

3단계 : 내가 온 별 이름 적어 칠판에 붙이기

  내가 온 별의 이름과 그 이유 생각해봅니다. 내가 온 별의 이름을 별 모양 포스트잇에 적은 후 칠판에 붙입니다.

4단계 : 친구 별 이름에 댓글 달아주기

  하트 모양 포스트잇에 친구들이 온 별에 대해 댓글을 달아줍니다.

  짜증 나 별, 가시투성이 별 친구들에게는 용기 내어 자신을 잘 파악해주었다는 사실을 알려주고 '용기 내어 솔직하게 자신을 찾아줘서 고마워' 하고 감사를 전합니다.

5단계 : 5글자 느낌 말하기로 마무리하기

> "감동적이야.", "나는 별이야." 등 5글자로 오늘 그림책 수업에
> 서 느낀 점을 말해봅니다.
>
> **6단계 : 자신의 별 이름 포스트잇은 알림장에 붙이고 부모님께 보여드**
> **린 후 댓글을 받아오도록 합니다.**

교사인 나는 어느 별에서 왔을까?

아이들뿐 아니라 교사인 우리도 어느 별에서 왔는지를 생각해
볼 필요가 있습니다. 독자 여러분은 어느 별에서 오셨나요? 저를
되돌아보면 5년 전에는 '하지 마! 별'에서 온 것 같습니다. 매일 학
생들에게 "하지 마!"라는 부정적인 명령문을 쏟아냈거든요. 학교
에서는 하지 말아야 할 것들이 왜 그렇게 많을까요? 마스크 벗지
않기, 친구 때리지 않기, 욕하지 않기, 복도에서 뛰지 않기, 소리
지르지 않기 등 금지해야 할 것들이 너무 많습니다. 저는 무시무
시한 규칙으로 가득한 '하지 마! 별'에서 온 것이 틀림없었습니다.

감사일기를 5년 넘게 적은 지금의 저는 어느 별에서 왔을까요?
제가 찾은 답은 객관적이지 않을 것 같아서 저희 반 1학년 아이들
에게 물어보았습니다.

"선생님은 '예쁜 말 별'에서 오신 것 같아요. 늘 상냥하고 고운

말을 쓰니까요."

"얘들아, 선생님이 쓰는 예쁜 말은 무엇이니?"

"고마워, 사랑해, 멋지다, 잘한다, 예쁘다, 감동적이야 같은 거예요!"

가슴이 정말 벅차오릅니다. 그동안 노력해온 제가 대견하고 뿌듯합니다. 그런데 한편으로는 얼굴이 붉게 달아오릅니다. 왜냐하면 아직 저는 완벽하지 않기 때문입니다. 살짝 방심하면 평소에 쓰던 부정적 언어 습관이 저도 모르게 튀어나올 때도 많기 때문입니다.

그래도 아이들의 대답은 희망을 줍니다. 감사일기를 쓰기 전에는 교실에서 안 좋은 점만 부각시켜 부정적인 언어로 학생들에게 잔소리하는 선생님이었습니다. 그래서인지 항상 열심히 생활지도를 했는데도 매일 잔소리만 잔뜩 한 것 같습니다.

하지만 감사일기를 쓴 지 5년이 지난 지금은 교실에서 고마워 샤워기를 가동하는 덕분에 잔소리는 줄고 웃음은 늘었습니다. 학생들에게 말할 때 "○○ 하지 마세요." 대신 "○○ 합시다."라고 긍정적으로 말하려고 노력합니다.

평소에 부정문을 워낙 많이 사용하다 보니 아이들도 그렇고, 저도 부정문을 긍정문으로 바꾸는 것 자체가 가장 어려웠습니다. 아이들이나 제가 부정문으로 말할 경우, 다 같이 '이 말을 어떻게 바꾸면 될까?' 생각하고 긍정문으로 바꾼 뒤 함께 소리 내어 읽고 연습합니다.

언어 습관은 하루아침에 바뀌지 않습니다. '하지 마! 별'에 살던 잔소리 가득했던 선생님을 미소 가득한 '예쁜 말 별'로 이사시켜 준 마법 지팡이는 바로 '고마워'입니다. 아직도 가끔씩 고향이 그리운지 "하지 마!"라는 말이 나오기는 하지만 그래도 '예쁜 말 별'로 이사 오게 해준 고마워에 다시 한번 감사합니다.

단어수집가가 된다면
어떤 단어를 모을까?

지금 떠오르는 단어 5가지를 아래 빈 칸에 적어보세요.

(   ), (   ), (   ), (   ), (   )

너무 고민하지 말고 그냥 딱 떠오르는 단어를 적으면 됩니다. 배가 고픈 상황이면 먹을 것과 관련된 단어가 떠오를 것이고, 방금 수학 수업을 마쳤으면 수학과 관련된 단어가 떠오를 것입니다. 우리는 평소에 어떤 단어를 가장 많이 사용할까요? 피터 레이놀즈의 그림책 《단어수집가》는 40페이지짜리 짧은 책이지만, 단어에 대해 생각해볼 수 있어 좋습니다.

먼저 아이들에게 그림책 표지를 보여주고 까바놀이를 합니다. 앞에서도 나왔지만, 까바놀이는 '까 바꾸기' 놀이입니다. 아이들에게 간단하게 설명해주고 같이 연습을 합니다. 1명이 표지를 보고 표지에 있는 그림이나 단어를 문장으로 말합니다.

"《단어수집가》가 있습니다."

그러면 다른 아이들이 문장의 어미 "~다."를 "~까?"로 바꾸어 말하면 됩니다.

"《단어수집가》가 있습니까?"

짝과 먼저 책을 보고 연습해 보도록 합니다. 까바놀이를 하고 나면 선생님이 애써서 설명하지 않아도 이 표지에 어떤 단어와 그림들이 있는지 확실하게 알게 됩니다. 까바놀이 덕분에 표지 그림을 자세히 볼 수 있습니다. 그러면 짝과 함께 표지를 보고 질문을 1가지씩 만들고 이야기를 나눕니다.

Q. 주인공은 왜 단어를 모을까?
A. 국어를 좋아해서 그런 것 같아.

이제 우리의 궁금증을 해결하기 위해 그림책 속으로 들어가봅니다. 아이들과 함께 그림책을 읽습니다. 그림책을 읽을 때는 글만 빨리 읽지 말고, 그림도 찬찬히 살펴보며 깊이 음미하도록 합니다. 글을 다 읽고 그림도 자세히 살펴본 후에 다음 장으로 넘어 갑니다. 다 읽고 나면 짝과 함께 다양한 질문을 만듭니다. 아이들 이《단어수집가》를 읽고 만든 질문은 다음과 같습니다.

Q1. 대화할 때 기분이 좋아지는 말은 무엇이 있을까?

Q2. 나에게 소중한 단어는 무엇일까?

Q3. 간단해도 아주 힘이 센 말은 무엇일까?

Q4. 내가 모으고 싶은 말은 무엇일까?

'단어수집가'가 되어봅시다

언어의 힘은 대단합니다. 하지만 생각 없이 말하다 보면 우리가 쓰는 언어는 늘 비슷비슷한 수준으로 한정적이고 부정적인 표현 도 아주 많습니다. 언어가 가진 힘이 얼마나 센지, 어떤 언어를 쓰 느냐가 얼마나 중요한지 아이들 스스로 느끼면 좋겠습니다. 그 답 을 찾아가는 열쇠는 아이들이 만든 질문입니다.

첫 번째 질문에서 아이들은 대화할 때 사랑해, 고마워, 최고야, 예뻐, 고맙습니다 같은 말을 들으면 기분이 좋아진다고 합니다. 두 번째 질문인 '자신에게 소중한 단어'는 무엇이었을까요? 여러 분에게 소중한 단어는 무엇인가요? 그림책을 읽고 아이들이 만든 질문이지만 철학적이고 가치 있는 질문입니다. 그 어떤 것보다 소중한 단어로 아이들은 대부분 '가족'이라고 했고, 자기 자신이나 게임, 먹을 것이라고 말한 아이들도 몇 명 있었습니다.

세 번째 질문인 '간단해도 아주 힘이 센 말'은 무엇일까요? 여러분은 어떤 말이 떠오르나요? 아이들은 자기가 어떤 말을 들었을 때 용기가 나고 힘이 났을까요?

바로 고마워, 미안해, 괜찮아, 그럴 수 있어, 사랑해, 우리 아들, 우리 딸이었습니다. 이 단어들을 자세히 보면 데이비드 호킨스 박사님이 제시한 의식수준에서 200 이상의 단어들입니다. 아이들은 긍정에너지가 무엇인지 알려주지 않아도 스스로 알고 있었습니다. 단지 연습이 안 되어서 사용하지 못할 뿐이지요.

마지막 질문인 '내가 모으고 싶은 말은 무엇일까?'는 위의 모든 질문에 대한 총체적인 대답입니다. 배움 공책에 오늘 친구들과 나눈 이야기를 에세이로 적어보라고 했습니다. 그 내용을 모은 소책자는 그림책《단어수집가》의 2편, 3편으로 출판해도 될 만큼 멋집니다. 평소에도 우리가 쓰는 언어에 어떤 힘이 숨어 있는지, 어떤 단어를 선택하고 사용할지 조금이라도 느끼고 생각해보면 좋겠습니다. 《단어수집가》 주인공 제롬처럼 다른 이들에게 행복을 주는 예쁜 단어를 바람에 실어 날려 보낼 수 있는 아이들이 되기를 소망합니다.

- 핵심질문 : 내가 모으고 싶은 말은 무엇일까?

1단계 : 지금 생각나는 단어 3개 적기

아이엠그라운드 놀이로 떠오른 단어를 공유합니다.

2단계 : 표지를 보고 짝과 함께 질문을 만들고 대화하기

주인공은 왜 단어를 모을까?

내가 주인공이라면 어떤 단어를 모으고 싶을까?

3단계 : 그림책 읽기

짝과 함께 배움 공책에 질문을 만들어봅니다.

회전초밥으로 짝을 바꾸어가며 핵심질문으로 대화를 나누어봅니다.

4단계 : 에세이 적기

배움 공책에 에세이를 적거나 A4 종이로 소책자 접기를 하여 내가 모으고 싶은 낱말 사전을 만듭니다.

낱말 공장 나라

돈을 주고 단어를 사서 쓴다는 상상을 해본 적 있나요? 평소에 사용하는 단어들을 돈을 주고 사야만 쓸 수 있는 상황이 되면 어떨까요? 의사소통이 제대로 되지 않아 너무 답답할 것입니다. 돈이 있어도 어떤 단어를 사야 할지 무척 고민이 되겠죠. 만약 단어를 딱 4개만 살 수 있다면 여러분은 어떤 단어를 사고 싶으십니까? 아래 빈칸에 한번 적어보기 바랍니다.

( ), ( ), ( ), ( )

《단어수집가》와 연계하여 활용해 볼 수 있는 그림책은 아녜스 드 레스트라드의 《낱말 공장 나라》입니다. 거대한 낱말 공장에서는 사람들이 사용할 수 있는 모든 말들을 만들어냅니다. 여기서는 비싼 낱말들도 있는데, 너무 비싸서 큰 부자가 아니고는 사용할 수가 없습니다. 말을 하려면 돈이 필요한 나라인 셈입니다. 가난한 사람들은 쓰레기통을 뒤져서 사람들이 버린 시시한 낱말, 쓸데 없는 낱말, 말 찌꺼기를 주워서 사용합니다. 책을 읽다 보면 너무 슬픕니다. 가난한 사람은 사용할 수 있는 어휘의 수가 점점 더 적어지고, 그래서 해야 할 말도 할 수가 없습니다. 가난한 주인공 필레아스는 "나는 너를 사랑해."라고 말하고 싶지만 낱말을 살 돈이 없어서 그 말을 못 합니다.

어찌 보면 이것은 현실과 닮았습니다. 가난한 사람들은 교육의 혜택을 많이 받지 못해서 사용하는 어휘의 수가 줄어들 수 있으니까요. 또한 현실에서 사랑해, 고마워라고 말하고 싶지만 자주 듣지 못하고, 자주 말하지 못하기 때문에 사용을 못 하는 것일 수도 있습니다. 돈 드는 것도 아닌데 지금부터라도 아이들에게 사랑해,

고마워라는 말들을 자주 들려주면 좋겠습니다.

띠 빙고 단어놀이

앞에서 꼭 필요한 단어를 4개만 살 수 있다면 어떤 것을 살지 적어보았습니다. 《낱말 공장 나라》 그림책을 읽은 후 띠 빙고 단어놀이를 통해서 아이들의 현재 상태를 알아볼 수도 있습니다. 1학년 아이들이 많이 고른 단어는 고마워, 사랑해, 엄마, 아빠입니다. 6학년이 고른 단어에는 고마워, 사랑해, 게임, 자유 등이 자주 등장합니다.

1학년 아이들의 단어를 보면 아직 가정이라는 사회에서 학교라는 사회로 옮겨오지 않았음을 알 수 있습니다. 6학년이 되자 게임과 자유라는 단어가 등장함으로써 청소년기가 시작되었음을 알려줍니다. 단어놀이를 통해서 아이들의 마음이나 발달 상태도 파악할 수 있습니다.

띠 빙고 놀이는 A4 용지를 긴 띠 모양이 되도록 4등분해 자른 후 그중 1개를 2번 접습니다. 그리고 다시 펼쳐서 1칸에 단어를 1개씩 작성합니다. 8개의 단어를 적고자 한다면 3번 접어서 사용하면 됩니다. 작성 후 1명씩 돌아가면서 단어를 부르고 그 단어가 있을 때는 자를 수 있습니다. 단 이때 띠 빙고의 양쪽 끝(아래, 위)

만 잘라낼 수 있습니다. 모든 단어가 끝나면 빙고를 외칩니다.

띠 빙고가 마무리되면 띠 빙고의 단어들은 단어 카드로 존재하게 됩니다. 그 카드를 가지고 문장을 만들어서 친구들과 공유합니다. 엄마, 아빠, 사랑해, 고마워 같은 단어 카드는 '엄마 아빠 항상 고맙고 사랑합니다'라고 문장을 만들기가 쉽습니다. 이 정도는 난이도가 가장 낮은 수준이겠죠?

실제로 해보면 아이들 대부분이 자기가 가지고 있는 엉뚱한 단어들로는 문장 만들기가 너무 어렵다고 합니다. 띠 빙고와 문장 만들기만 해도 평소에 우리가 얼마나 자유롭게 의사소통을 하고 있는지 느끼고, 감사하게 생각할 수 있습니다.

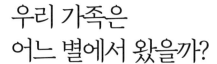

우리 가족은
어느 별에서 왔을까?

　화성에서 살던 아빠와 금성에서 살던 엄마가 우주에서 통신을 하다가 사랑이 싹텄습니다. 둘은 영원한 사랑을 맹세하고 결혼을 해서 지구로 왔습니다. 그리고 지구인 아들, 딸을 낳았습니다. 아니, 이걸 어째! 외모는 아빠와 엄마를 닮은 듯한데, 자라면서 도대체 어떤 생각을 하는지 도무지 알 수가 없습니다.

　사실 남자의 뇌, 여자의 뇌를 따로 구분하지는 않습니다. 단지 각자가 자란 별의 특성에 차이가 있을 뿐이죠. 자기 자신을 알아야 타인도 이해할 수 있습니다. 교실의 아이들만 '다다다 다른 별'에서 온 것은 아닐 겁니다. 우리 가족은 어느 별에서 왔을까요?

화성인, 금성인 그리고 지구인

학교에서는 아이들에게 서로의 다름을 인정하고, 있는 그대로 존중하는 법을 가르칩니다. 그런데 가정에서는 어떠한가요? 머리로는 다름을 존중해야 함을 알고 있지만, 자신도 모르게 자신의 성격과 비슷한 아이를 더 예뻐하기도 합니다. 또 반대로 아직 어려서 실수도 하고, 부족한 부분이 있을 수 있는데 그럴 때 '넌 나와 참 안 닮았다'고 아이들에게 바로 말하는 부모님들도 있습니다. 그 말을 듣는 아이의 마음은 어떨까요? 괜히 태어나서 부모님을 힘들게 하는 것은 아닌가 하고 슬퍼하는 아이들도 많습니다.

앞서 소개한 《다다다 다른 별 학교》 활동을 가정에서도 똑같이 해볼 수 있습니다.

① 각자 좋아하는 것, 잘하는 것, 취미, 꿈, 나를 행복하게 하는 것이 무엇인지 생각해봅니다.

② 자신이 어느 별에서 왔을지 표현합니다.

　　Q. 별 이름은? 이유는?

　　Q. 어떤 모양인가요?

　　Q. 누구를 초대하고 싶은가요?

③ 가족들과 공유합니다.

④ 고마운 점을 말해봅니다. 함께 그림책을 읽고 이야기 나눈 가족에게 한마디씩 고마움을 전합니다.

⑤ 주의할 점은, 아이들이 그린 별들을 모두 인정해주어야 하고 그 어떤 것도 조언하지 말고 그저 아이들의 생각을 인정해주고 어떤 감정 상태인지도 살펴봅니다.

엄마들은 주로 어떤 별이 많이 나올까요? 공통적으로 많이 나오는 별 이름이 있습니다. 바로 '빨리빨리 별'입니다. 빨리 일어나라, 빨리 옷 입어라, 빨리 학교 가라, 빨리 학원 가라, 빨리 양치해라, 빨리 자라…. 엄마들에게는 왜 그렇게 빨리빨리 해야 할 일이 많은 것일까요? 엄마들의 눈에는 '옆집 아이는 다 잘하는데 왜 우리 아이만 유달리 느릴까?' 싶은 것이 많습니다. 빨리빨리 숙제도 하고, 빨리빨리 공부도 하면 좋겠는데 아이들은 TV도 보고 핸드폰으로 게임도 하고 있으니 엄마 입장에서는 속이 터집니다.

그런데 반대로 생각해볼까요? 엄마는 '빨리빨리 별'에서 왔지만, 아이는 '거북이 별'에서 왔다고 칩시다. 이 아이는 어떤 마음이 들까요? 늘 조급하고 누가 뒤에서 쫓아오는 것 같은 느낌이 들 것입니다. 아이는 딱 5분만 더 TV를 보고 나서 책을 읽을 생각이었는데 엄마가 1분도 참지 못하고 "빨리 책 읽어라!"라고 하니 책 읽기 자체가 싫어집니다.

저는 엄마와 아이 입장이 둘 다 이해가 되지만, 이런 상황에서는 아이들에게 손을 들어주고 싶습니다. 아이가 능동적으로 선택해서 책을 읽거나 공부를 하는 것과 엄마가 빨리 읽으라고 독촉하고 잔소리해서 하는 것은 정말 엄청난 차이입니다. 부모님들이 조금 더 느긋한 '기다려줄게 별'로 이사를 한다면, 아이들은 조금 더 편안하고 평온해질 것입니다.

가족이라고 해서 생각이나 성향, 행동이 비슷한 것은 아닙니다. 한 사람 한 사람이 정말로 다다다 다른 별에서 왔지요. 각자가 어느 별에서 왔는지 생각해보고 공유해본다면, 서로를 더 깊이 이해하고 배려할 수 있는 소중한 시간이 될 것입니다.

가족의 비타민, 그림책

그림책은 유치원생이나 초등학교 저학년 아이들만 읽는 것이라고 생각하는 부모님이 많습니다. 그러나 요즘에는 '어른을 위한 그림책', '그림책으로 인문학 하기'처럼 어른들도 많이 읽습니다. 그림책에 있는 아름다운 그림만 봐도 감정이 정화되고 치유받는 느낌이 듭니다. 글의 분량은 적지만 던지는 메시지는 훨씬 더 강렬합니다. 나를 아끼고 사랑하는 법, 친구나 가족, 자연, 사물 등 다양한 존재에 대한 고마움을 담은 그림책이 많습니다.

가족이 모여 함께 그림책을 읽고 질문을 만들어보면 어떨까요? 질문을 던지고 각자 그 해답을 생각하며 대화를 나눠보세요. 매일 하기 어렵다면 일주일에 1번 주말에 가족 그림책 읽기 시간을 가져도 좋습니다. 있는 그대로의 나를 사랑하고, 가족과 친구를 비롯한 내 주변에 있는 모든 것을 고마워할 수 있는 그림책은 우리 가족의 비타민이 됩니다.

사춘기를 겪고 있는 고학년 아이들이 있다면, 쏟아내고 싶은 잔소리가 엄청나게 많을 것입니다. 핸드폰에서 눈을 떼지 못한 채 불러도 대답조차 하지 않는 아이들을 보면 너무 화가 나고 답답합니다. 그런 아이들에게 잔소리를 해봐야 듣는 둥 마는 둥 해서 오히려 더 화가 치밀어 오르죠. 그럴 때는 잔소리 대신 하루 10분 그림책을 읽어주세요.

고학년인 아이들에게 그림책을 읽어주겠다고 하면 아이들은 자기가 아기도 아닌데 무슨 그림책이냐며 투덜거립니다. 그래도 그냥 엄마가 너무 좋아서 같이 읽고 싶다고 말하며 읽어주세요. 그렇게 좋은 그림책을 1권, 2권 읽어주다 보면 아이와의 관계가 훨씬 부드러워집니다.

정말 너무 바빠서 시간이 없다면 잠들기 전에 아이에게 딱 5분만 그림책을 읽어주어도 됩니다. 매일 1권을 다 읽어주려고 애쓰지 않아도 됩니다. 칸트의 어머니처럼 오늘은 여기까지만 읽어주고, 뒷이야기는 아이가 상상하며 잠들게 해도 좋습니다. 사랑하는 엄마의 목소리, 든든한 아빠의 목소리로 따뜻한 이야기를 들으며 잠드는 아이는 부모님에 대한 고마움과 사랑을 포근히 덮고 꿈나라로 갈 테니까요.

잠들기 전에 읽어주면 좋은 추천 그림책

《구름이 나에게》, 모모이라운드 글·그림, 팜파스

《이까짓 거》, 박현주 글·그림, 이야기꽃

《엄마가 달려갈게》, 김영진 글·그림, 길벗어린이

《친구에게》, 이해인 글, 이규태 그림, 샘터

《시작해 봐! 너답게》, 피터 레이놀즈 글·그림, 김지은 옮김, 웅진주니어

《너는 어떤 씨앗이니?》, 최숙희 글·그림, 책읽는곰

《왜?》, 니콜라이 포포포 지음, 현암사

《눈물 바다》, 서현 글·그림, 사계절

《떨어질까 봐 무서워》, 댄 샌탯 글·그림, 김영선 옮김, 위즈덤하우스

《아름다운 실수》, 코리나 루켄 글·그림, 김세실 옮김, 나는별

《행복해요》, 이정원 글, 임성희 그림, 걸음동무

내일로, 내일로
자꾸만 미루면?

"애들아, 선생님이 어제 뉴스를 봤는데 꼴찌를 해서 상을 받은 사람이 있었어요. 도대체 무슨 대회였기에 꼴찌를 했는데 상을 받았을까요?"

꼴찌인데 상을 받는다고 하니 1학년 아이들이 너무 이상하다고 고개를 갸우뚱거립니다. 그러더니 손을 번쩍 들고 말합니다.

"꼴찌라도 규칙을 잘 지켜서 상을 준 것 같아요."

"대회에 나온 사람들이 모두 연습을 열심히 하고 나왔기 때문에 꼴찌라도 상을 준 것 같아요."

순수한 아이들의 예쁜 생각입니다. 좋은 생각이지만 뉴스에 나왔던 수상 이유는 아닙니다. 뉴스에서는 전국 편의점 중에 비닐봉

투 판매량에서 꼴찌를 한 제주도의 한 편의점 주인이 상을 받았다고 합니다.

아이들 모두 놀랍니다. 비닐이 썩는 데 500년 이상이 걸린다고 합니다. 하지만 우리는 편리하다는 이유로 비닐을 비롯한 플라스틱을 엄청나게 사용하고 있습니다. 기후위기에 관한 뉴스들이 매일 쏟아집니다. 하지만 사람들은 지금 당장의 편리함을 버리지 못하고 마치 두 번째 지구가 있는 것처럼 자꾸만 내일로 '실천'을 미룹니다.

4월 22일 지구의 날을 맞이하여 아이들에게 읽어준 책은 《플라스틱 섬》입니다. 1학년에게는 조금 어려울 수 있지만 아이들에게 《플라스틱 섬》 표지를 먼저 보여주었습니다. 그리고 짝과 함께 궁금한 것을 이야기해 보라고 했습니다.

《플라스틱 섬》 표지를 보고 짝과 함께 만든 질문은 다음과 같습니다.

Q. 다른 그림책과 달리 표지가 왜 이렇게 칙칙하고 안 예쁠까?

Q. 저 새는 왜 저렇게 슬퍼 보일까?

Q. 왜 바다에 플라스틱 섬이 있을까?

Q. 플라스틱 섬은 누가 만든 것일까?

Q. 플라스틱 섬이 사라지게 하려면 어떻게 해야 할까?

아이들은 이때까지 보던 그림책과 달리 표지가 너무 칙칙하고 안 예쁘다며 왜 그럴까 하고 궁금해했습니다. 맞습니다. 보통의 그림책들은 알록달록 환하고 아름다운 그림으로 가득 차 있는데, 이 책은 아이들의 말처럼 칙칙하고 탁합니다. 표지를 보는 순간 마음이 답답해집니다.

그리고 바다에 떠 있는 섬이 왜 플라스틱 섬인지 제목도 너무 궁금하다고 합니다. 그리고 표지에 나와 있는 새의 표정이 너무 슬퍼서 무섭다고 합니다. 순수한 1학년 아이들의 눈에 이 그림책은 표지만으로도 충격적입니다. 아이들에게 책을 읽어줍니다. 아이들의 눈망울에 눈물이 맺힙니다. 순수한 아이들은 아무 잘못이 없는데 동물과 지구의 아픔에 대해 너무 가슴 아프게 공감하고 있습니다. 너무 많은 죄를 지은 것은 어른들인데 말이죠.

아이들과 표지에 대해서 함께 만든 질문으로 이야기를 나눕니다. 그리고 앞으로 지구를 위해 우리가 해야 할 일을 찾아봅니다. 그리고 그 일을 매일 꾸준히 실천하기 위해 어떤 미덕이 필요한지 물었더니 아이들 대부분이 첫 번째로 말한 대답은 바로 '책임감' 입니다.

맞습니다. 밥하기 귀찮아서 배달 음식을 시키고, 걸어가는 데 시간이 조금 더 걸리니 차를 타고 다니니까요. 그런 우리에게 지구 사랑을 위해 필요한 것은 바로 '책임감'입니다. '두 번째 지구는 없다'고 말한 방송인 타일러 씨처럼 얼마 남지 않은 지구의 시계를 멈추게 하기 위해서는 우리 모두의 책임감이 필요합니다.

아이들에게 집에 가서 가족들에게 오늘 수업한 내용과 느낀 점을 꼭 전달해달라고 부탁합니다. 지구 수호대가 되어 나 혼자 실천하는 것이 아니라, 가족, 친구들, 주변 사람들도 동참할 수 있도록 설득해야 한다고 이야기합니다. 그리고 탄소 중립을 위해 저녁 8시 지구촌 불 끄기 행사에 동참하자고 알림장에도 씁니다. 기후 위기는 한두 명의 힘으로 해결할 수 없습니다. 하지만 나부터 시작을 해야 바뀔 수 있습니다. 플라스틱 섬이 사라지고 북극곰이 편안하게 숨 쉴 수 있도록 지금 당장, 우리의 노력이 필요합니다. 내일로, 내일로 자꾸만 미루지 않기를 부탁 드립니다.

• 핵심질문 : 플라스틱 섬은 누가 만들었을까?

1단계 : 그림책 표지를 보며 짝과 질문 만들기

Q. 플라스틱 섬은 왜 만들어졌을까?

Q. 플라스틱 섬이 사라지게 하려면 어떻게 해야 할까?

2단계 : 그림책 읽기

그림책을 읽고 나서 짝과 함께 표지를 보고 만들었던 질문으로 대화합니다.

3단계 : 플라스틱 섬 영상 보고 이야기 나누기

우리가 지구를 위해 할 수 있는 일에 대해 친구들과 이야기를 나눕니다.

4단계 : 행동으로 실천하기

지구 수호대가 되어 가족과 친구들에게 우리가 해야 할 행동에 대해 널리 알립니다. 지구의 날 저녁 8시에 하는 '지구촌 불 끄기 행사'에 동참해봅니다.

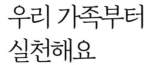

우리 가족부터
실천해요

오는 말이 고와야 가는 말이 곱다?

가는 말이 고와야 오는 말이 곱다?

어느 쪽이 맞을까요? 헷갈리나요? '가는 말이 고와야 오는 말이 곱다'가 맞습니다. 종종 아이들은 친구가 먼저 고운 말을 해주지 않고 대뜸 욕부터 하기 때문에 자신도 그렇게 응대할 수밖에 없었다고 이야기합니다. 오는 것과 가는 것이 바뀐다고 해서 의미가 달라지는 것도 아닌데, 왜 틀렸느냐고 반문하는 경우도 있습니다. 정말 그럴까요?

요즘의 세상 이치가 그렇게 변한 걸까요? '오는 게 있어야 가는

게 있지', '저쪽에서 이상하게 나오는데 내가 굳이 잘할 필요 없다'
는 생각으로 상대가 어떻게 하는지를 보고 결정하겠다고 합니다.
왜 우리의 삶이 상대방이 어떻게 하느냐에 따라 달라지게 되었을
까요? 내 삶의 결정이 상대에게 달려 있다는 것이 너무 안타깝습
니다. 서로 이해하고 보듬어주어야 하는 가족 사이에서도 그런 경
우가 있습니다.

누군가가 무엇을 해주면 나도 하겠다는 것은 '조건적'인 태도입
니다. 오는 것에 따라 변하는 것은 '수동적'인 태도이고요. 그러나
주도성을 가진 사람들은 자기 삶의 태도를 자기가 결정합니다. 이
런 사람은 상대에 따라 좌지우지되는 것이 아니라 자신의 의지에
따라 먼저 상대에게 주겠다는 자기결정을 합니다. 그래서 먼저 줄
수 있는 사람은 주관과 자기결정력을 가진 사람입니다.

상대에게 고운 말을 듣지 않았더라도 고운 말을 내보낼 수 있는
사람이 되어야 합니다. 내가 남에게 주는 말, 내가 내보내는 말을
아름답게 하겠다는 것은 자신이 결정하는 것입니다. 그런 결정을
할 수 있으면 상대의 말에 휘둘리지 않습니다. 상대의 행위는 나
와 아무 상관이 없죠. 상대방의 말과 행동은 그의 품격에 따라 움
직일 뿐입니다. 내가 상대방에게 잘해주는 것은 나 자신의 품격이
높기 때문입니다. 가족 간에도 삶에 주도성을 가지고 '자기결정
력'을 발휘하는 사람이 먼저 "고마워!"를 건네보는 건 어떨까요?

지구야, 고마워!

"숨을 편하게 쉰다는 것이 이렇게 고마운 것인 줄 몰랐어요."

숨 쉬는 것을 힘겨워하는 폐암 환자들은 이렇게 말합니다. 살면서 당연하게 존재한다고 생각했던 것을 누리지 못할 때 사람들은 더욱 절실하게 감사함을 느낍니다.

"맑은 공기가 이렇게 고마울 줄이야."

미세 먼지가 걷히고 맑은 하늘이 볼 때 많은 사람이 이렇게 말합니다. 이렇듯 지나고 난 후에야 깨닫는 것이 많습니다. 숨을 쉬게 해주는 공기나 마시는 물처럼 아주 기초적인 것부터 고마워해야 합니다. 그리고 그것을 유지하기 위해서 노력도 해야 합니다. 인간이 만든 온실가스로 인해 지구는 뜨거워지고 있습니다. 그 결과 지구 곳곳에서 여러 가지 이상 징후들이 나타나고 있습니다.

36.5도가 정상인 우리는 체온 1도만 올라가도 힘들어집니다. 미열만 나도 힘든데, 거기서 1도가 더 올라가면 38.5도로 걱정스러운 상태가 됩니다. 거기서 1.5도 더 올라가면 40도로 생사를 오갈 수도 있습니다. 사람은 해열제라도 먹으면 체온을 내릴 수 있지만, 지금 지구에는 해열제가 없습니다. 38.5도에서 더 이상 올라가지 않도록 노력하는 수밖에 없습니다.

해마다 기후위기로 이상고온, 이상저온이 반복되며 특이한 현상들이 많이 벌어집니다. 꽃이 너무 일찍 피거나, 너무 늦게 피기도 하고, 냉해로 농사를 망치기도 합니다. 한반도는 중위도 지역에 있어 저위도나 고위도 지역에 비해서 체감이 늦다고 합니다. 지구가 너무 뜨거운 열계곡으로 들어가기 전에 멈춰야 합니다.

가장 먼저 개인이 실천할 수 있는 것이 플라스틱 줄이기일 것입니다. 가족이 함께 실천할 수 있는 것을 정하고 공유하면 좋습니다. 장바구니 사용, 가까운 거리는 걷기 등도 있겠지만, 조금 더 구체적인 것으로 저희 가족은 아래와 같은 것을 생각해보았습니다.

① 플라스틱 칫솔 대신 대나무 칫솔 사용하기.
② 고체 치약을 사용해서 플라스틱 쓰레기 0으로 만들기.
③ 꽃을 사 올 때 비닐포장 하지 말고 그냥 꽃만 받아 오기.
④ 1주일에 3일은 걸어서 출퇴근하기.
⑤ 배달 음식을 시키는 대신 식당에 그릇을 들고 가서 담아오기.

지구를 위협하고 있는 문제를 다룬 책과 영상이 많습니다. 찾아보고 실천할 방법을 찾아보면 좋겠습니다. 지구가 있어야 우리가 존재합니다. 우리의 존재는 지구와 별개로 떨어져서 생각할 수 없습니다. 우리 아이들이 살아갈 지구를 위해 가족이 함께 먼저 실천해주세요. 지구야, 고마워! 실천해주시는 여러분 고맙습니다.

고마워 교실 이야기 3

    고마워 교실을 운영하면서는 저에게는 멈추는 능력이 생겼습니다. 고마워를 말하고, 듣고, 쓰고, 읽기 위해서는 제 생각을 잠시 멈춰야 했습니다. 아이들에게 소리 내어 고마워라고 말하면 마치 물결이 연결되는 것처럼 아이들의 고마워가 이어졌습니다.

    "선생님, 오늘 저 친구들에게 고마워 14번 말했어요."

    어느새 아이들이 이렇게 자랑하게 되었고, 교실을 넘어 학부모 모임에서도 이어졌습니다. 온라인에서 진행되는 모임에서도 고마워 교실의 효과가 계속되더니, 순식간에 우리 반은 선생님과 부모님이 아이들을 함께 성장시키는 동반자가 되었고 모두의 마음에 고마움이라는 씨앗이 싹을 틔우게 되었습니다. 고마워 교실은 항상 마음을 열 수 있는 든든한 만능열쇠가 되었고, 덕분에 저와 아이들은 그 행복한 교실에서 살고 있습니다.

- 김해삼계초등학교, 구은복 선생님

어떻게 하면 수업과 생활지도를 잘할 수 있을까 고민하던 중 '고마워 교실'을 알게 되었습니다. 요즘 초등학교에는 남교사의 수가 적습니다. '교실 감사함 수업' 연수에도 거의 여교사만 있을 것 같아 걱정했지만 용기 내어 연수에 참여하고 실천했습니다.

3월 첫 주에 학생들에게 '고마워 샤워'부터 실천하면서 우리 아이들의 마음에 따스함이 스며드는 것을 알 수 있었습니다. 보석 같은 아이들이 서로를 배려하는 마음을 가지게 되었고, 수업에 참여하는 태도도 달라졌습니다. 수업 중에 일어나는 문제행동도 눈에 띄게 줄었고요. 4월에 학생상담을 했는데, 그때 아이들이 저에게 '고맙습니다'라는 언어로 피드백을 해주었습니다. 한 달 만에 드러난 성과였습니다.

'교학상장'이라는 말은 고마워 교실과 진정 어울립니다. 교사가 학생들을 대상으로 감사함 수업을 실천하면 교사도 학생들로부터 감사함을 되돌려 받기 때문입니다. 요즘 교실에서 '고마워송'을 아이들과 함께 부르며 행복한 하루하루를 보낼 수 있어 감사합니다.

- 무학초등학교, 신홍재 선생님

"고마워!"는 교실의 분위기를 온화하고 부드럽게 만드는 힘이 있습니다. 사실 처음부터 모든 아이들이 잘 따라온 것은 아니었습니다. 아이들 모두에게 의도적으로 "고맙다."는 말을 했을 때 좋아하는 아이들도 있었지만 부담스러워하는 아이들도 있었죠. 그러나 매일 고마워 교실 내용을 실천하다 보니 저도 아이들을 더 예쁘고 사랑스럽게 바라보는 마음이 생겼습니다. 아이들도 한층 표정이 밝아졌고, 친구들과 얘기를 하면서도 자연스럽게 고마워라는 말을 자주 하는 것을 보았습니다. 올해 제가 한 일 중에 제일 잘한 일이 바로 고마워 교실입니다.

- 봉명초등학교, 조현숙 선생님

"우리 선생님은 매일 우리에게 이래서 고맙다, 저래서 고맙다고 하신다. 나도 오늘 선생님 말씀이 생각나서 저녁을 차려주신 아빠에게 감사하다는 인사를 했다. 기분이 좋았다."

이런 글을 쓴 아이는 평소에 말도 없고 잘 표현하지 않는 아이였는데, 자신도 모르게 감사함이 내면화되고 있는 것 같아 교사로서 뿌듯한 마음이 들었습니다. 선한 영향력을 서로서로 주고받으며, 서로에 대한 신뢰가 돈독하게 쌓인 교실, 감사함이 가득한 교실에서 아이들도 저도 쑥쑥 성장하고 있습니다.

- 상일초등학교, 주영희 선생님

'고마워 교실' 연수에 참여한 후로 저는 감사의 힘을 몸소 느끼며 살게 되었습니다. 교실에서 노바디가 아니라 모두를 섬바디, 에브리바디로 만들 수 있는 것이 고마움의 가장 큰 힘인 것 같습니다. 담임이 아닌 데다 특수학교라서 힘들 거라 생각했지만, 완벽하진 않아도 감사와 고마움을 표현하는 아이들을 보면서 저 또한 감동하고 감사합니다. 좋은 연수 덕분에 교사로서 엄마로서 더 성장할 수 있었고, 어떻게 살아야 할지를 알려준 삶의 전환점이었습니다. 덕분에 감사합니다.

- 천광학교, 김혜영 선생님

말의 내용이 좋으면 '좋은 말'인 줄 알았습니다. 그래서 아이들에게 '잘한다', '멋있다', '훌륭하다'라는 말을 많이 해왔습니다. 그런데 아니었습니다. '잘한다'는 평가일 뿐, 마음이 함께하는 표현이 아니라는 것을 '고마워 교실'을 통해 깨달았습니다. 그 후로 저는 입버릇처럼 '고마워'를 말하고 있습니다. 그런데 실천한 지 2달도 되지 않아 그 힘이 얼마나 큰지를 여실히 느끼고 있습니다. 우선 저 자신부터 변했습니다. '고마움'을 제 입으로 말하는 동시에 제 귀로 듣다 보니 고마움이 2배, 3배가 되어 아이들에 대한 고마움이 훨씬 커졌고, 아이들을 보는 시각도 새로워졌습니다.

또한 아이들도 달라졌습니다. '잘한다'는 칭찬의 약발(?)은 10분을 못 넘기는 듯했는데, '고마워' 인사는 하루, 이틀, 일주일까지도 책임져주는 것 같습니다. 이따금 폭발하려던 화를 누르고 참을성 있게 행동하는 아이를 보며 그 힘을 더욱 실감하고 있습니다. 물론 '고마워' 외의도 다양한 이유가 있었겠지만, '고마워'의 힘이 작지 않았을 거라고 믿습니다. 앞으로도 꾸준히 실천해야겠다고 다짐하는 이유입니다.

- 전안초등학교, 송예진 선생님

더 많은 교실과 가정에
고마움을 담아

맑은 날이 좋으신가요? 비가 오는 날이 좋으신가요?

맑은 날이 좋다고 매일 매일 맑은 날만 계속된다면 아마 우리나라는 사막이 되어버릴 겁니다. 비가 오는 날이 좋다고 매일 비가 온다면? 이 또한 상상하고 싶지 않습니다. 날씨는 변하는 것이 정상입니다. 우리의 감정도 변하는 것이 정상입니다. 항상 좋기만 한 것도 아니고, 나쁘기만 한 것도 아닙니다.

교실이라는 세계는 다양한 아이들이 모이는 곳입니다. 다양한 마음들이 존재하고 시시각각 변화합니다. 그래서 갈등은 늘 존재합니다. 교실만이 아니라 세상에 갈등이 없는 곳은 없습니다.

교실이라는 작은 사회에서 아이들은 이 갈등을 어떻게 잘 해결해나가야 할지를 배워야 합니다. 가정에서도 마찬가지입니다. 변화무쌍한 마음들을 받아주고 토닥여주고 올바르게 성장해나가도록 도와주는 곳이 되어야 합니다. 고마워 교실은 "고마워!"라는 단어 하나로 우리의 마음을 받아주고 존재를 인정해줌으로써 삶을 가꾸어 나가는 수업이 되도록 해주었습니다.

어떻게 가르쳐야 하나? 어떻게 훈육해야 할까?

선생님도 부모님도 고민이 많습니다. 아이들을 가르치기 위해서 부모와 교사가 배워야 할 것들이 참 많습니다. 고마워 교실을 통해 집을 짓기 위한 든든한 디딤돌, 기초공사의 재료인 '고마워' 하나만 충실히 쌓아도 된다는 것을 알게 되었습니다. 고마워라는 튼튼한 디딤돌 위에 각자의 빛깔로 아름다운 집을 지으시길 기대합니다.

고마워 교실 운영에 함께 해주신 선생님들께 감사드립니다. 덕분에 모든 교실이 고마워 디딤돌로 행복해질 수 있다는 것을 알게 되었습니다. 고마워라는 단어 하나가 가진 기적들을 보여주셨습니다. 이제는 더 많은 선생님과 부모님이 함께 고마워로 삶을 아름답게 가꾸어 가면 좋겠습니다. 더 많은 교실과 가정에 고마워가 뿌려지길 기대합니다. 감사합니다 고맙습니다.

지은이 양경윤, 김미정

―― 저자소개 ――

양경윤

현재 경남 초등수석교사로 재직 중이다. 교사와 학생 모두 행복한 교실에서 학력 신
장 및 창의성이 발현될 수 있도록 배움 중심 수업 현장연구를 지속하고 있다. '하브루
타 질문수업'으로 대한민국 교실의 온라인, 오프라인 어디에서도 잘 구현될 수 있도
록 앞장서고 있다. 또한 '고마워 교실'을 통해 교사의 행복한 수업만이 아니라 학생들
의 인성발달에 도움이 될 수 있도록 수업 프로그램을 구현하였다.
티처빌 원격연수원의 원격연수 강사로 활동 중이다. '하브루타 질문수업', '교수평일
체화', '자기주도학습', '리더십 교육', '독서 교육', '하감미소로 행복교실 만들기' 등 다양
한 주제로 강의하고 있다. 교사연수만이 아니라 학부모교육으로 '초등 감사함 수업',
'자녀를 위한 행복 컨설팅', '하브루타로 책 읽기' 등의 강의로 좋은 반응을 얻고 있다.
저서로는 《한 줄의 기적, 감사일기》, 《초등 감사함 수업》, 《하브루타 질문수업》, 《교
실이 살아있는 질문수업》, 《하브루타 질문수업에 다시 질문하다》, 《온라인학습이 즐
거운 원격질문수업》이 있다.

이메일 icandogo@naver.com │ 인스타그램 thanksmagic_w

김미정

초등학교 교사로 어린이라는 세계를 존중하며 '고마워'가 가진 힘을 매일 느끼고 있
다. 도덕 교과서 집필위원으로 참여하였으며 수업연구대회 1등급, 수업 연구교사 및
수업 나눔교사로 수업혁신에 앞장서고 있다. 또 그림책 강의를 비롯하여 각종 연수
강사로 배움 중심 수업 나눔을 실천하고 있다. 《한 줄의 기적, 감사일기》를 독자로서
접한 뒤 감사일기를 매일 쓴 지 7년 차가 되었다. 감사로 삶을 곱게 물들이고, 가족,
학생들, 학부모, 동료 선생님들, 친구들에게 감사가 가진 힘을 전파하려고 노력하고
있다.

이메일 loving0111@daum.net │ 인스타그램 happymj2020

고마워 교실

2021년 7월 31일 초판 1쇄 | 2024년 11월 12일 4쇄 발행

지은이 양경윤, 김미정
펴낸이 이원주

기획개발실 강소라, 김유경, 강동욱, 박인애, 류지혜, 이채은, 조아라, 최연서, 고정용
마케팅실 양근모, 권금숙, 양봉호, 이도경 **온라인홍보팀** 신하은, 현나래, 최혜빈
디자인실 진미나, 윤민지, 정은예 **디지털콘텐츠팀** 최은정 **해외기획팀** 우정민, 배혜림, 정혜인
경영지원실 홍성택, 강신우, 김현우, 이윤재 **제작팀** 이진영
펴낸곳 (주)쌤앤파커스 **출판신고** 2006년 9월 25일 제406-2006-000210호
주소 서울시 마포구 월드컵북로 396 누리꿈스퀘어 비즈니스타워 18층
전화 02-6712-9800 **팩스** 02-6712-9810 **이메일** info@smpk.kr

쌤앤파커스(Sam&Parkers)는 독자 여러분의 책에 관한 아이디어와 원고 투고를 설레는 마음으로 기다리고 있습니다.
책으로 엮기를 원하는 아이디어가 있으신 분은 이메일 book@smpk.kr로 간단한 개요와 취지, 연락처 등을 보내주세
요. 머뭇거리지 말고 문을 두드리세요. 길이 열립니다.